고령사회
2018
다가올 미래에 대비하라

아직 모르고 있겠지만, 당신도 그들 가운데 하나이다. 이 책을 읽기 시작했다면 당신도 분명 징집 영장을 받게 될 것이다. 대규모 징집령이 내려졌다. 당신은 지금 세대 간의 전쟁 한복판에 있다. 정신 차리고 마음을 편안히 가져라. 당신은 앞으로 혁명을 일으켜야 할 자들의 편에 서 있다. 2018년, 이 고급 승용차 페라리는 누가 탈까?

한국 노동력의 고령화 전망

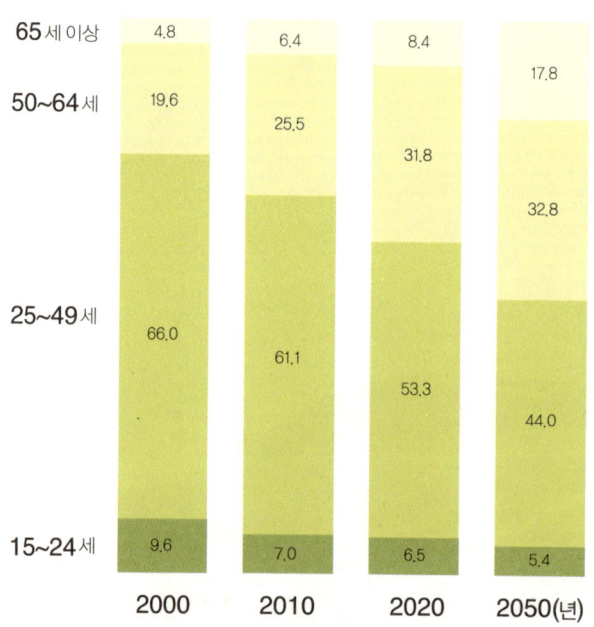

단위 : %

연령	2000	2010	2020	2050(년)
65세 이상	4.8	6.4	8.4	17.8
50~64세	19.6	25.5	31.8	32.8
25~49세	66.0	61.1	53.3	44.0
15~24세	9.6	7.0	6.5	5.4

자료 : 통계청, 경제활동인구조사, OECD(2002)

우리나라 생산가능인구(15~64세)는 2005년 현재 3,467만 명으로 총인구의 71.8퍼센트를 차지한다. 선진국 평균(67.7퍼센트)에 비해 아직은 높은 편이다. 그러나 2016년 3,649만 명(73.2퍼센트)을 고비로 감소세로 돌아서 2030년에는 3,189만 명(64.7퍼센트), 2050년에는 2,275만 명(53.7퍼센트)까지 줄어들 것으로 예측된다. 경제활동이 가장 왕성한 25~49세 연령층도 올해 59.6퍼센트에서 2050년에 45.2퍼센트로 감소할 것이라는 게 인구통계학의 전망이다.

그동안 인력 감축의 한 방법으로 근로자들의 조기 퇴직을 유도해오던 미국의 기업들이 이젠 노인 인력을 찾아 나서고 있다고 《뉴욕타임스》가 보도했다. 노인 인력은 결근이 잦고 의료비 부담도 크다는 과거의 고정관념과 달리, 이직률이 낮은 데다 업무 수행능력도 젊은 사람 못지않은 경우가 적지 않다는 판단에 따른 것이다.

제12508호 42판 **중앙일보**

"노인 인력 모셔라" 미국 기업 안간힘

이직률 낮고
숙련도 높아

전기 기술자 에드 라이트(71)는 은퇴 후 매년 10월부터 이듬해 5월까지 미국 플로리다주에서 일한다. 종합 가정용품 전문점인 홈디포 매장의 전기제품 코너가 일터다.

플로리다에 무더위가 찾아오는 6월에는 서늘한 펜실베이니아주의 매장에서 여름을 지낸다. 이 회사가 노인 유치를 위해 도입한 '철새 프로그램' 덕분이다. 노인들이 겨울에는 따뜻

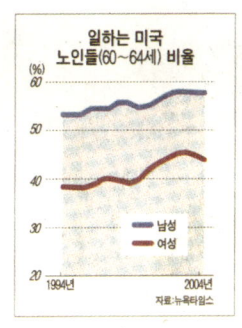

일하는 미국
노인들(60~64세) 비율

남성
여성

1994년   2004년
자료: 뉴욕타임스

포 인사 담당자는 "10년 후의 노동인력 부족 현상을 노인층이 메워 줄 것"이라며 "미국은퇴자협회 등 노인단체들과 좋은 관계를

이 공간의 주인이 누구라고 생각하는가? 미래의 경제를 좌우하는 주체는 고령
인구이고, 그들은 쾌적한 환경을 추구할 것이다. 실버 관련 비즈니스가 단순한
건강식품이나 의료기 수준을 벗어나고 있다. 이제 실버 비즈니스의 영역은 틈
새시장을 넘어 주 타깃이 되고, 그 기회를 잡으려고 모여들기 시작했다.

한국보건사회연구원은 실버 산업은 노인용 식품과 지팡이, 음성증폭기, 휠체어, 노인 자전거 등 보조기구와 생활용품부터 시작해 주택, 생명공학 분야 등으로 발전하는 것이라며, 국내에선 노인 인구 비율이 10퍼센트에 달하는 2005년부터 2010년 사이에 본격적으로 시장이 형성될 것이라 전망한다.

50대 이상 가계소비 규모 전망

단위 : 십억 원

117,697

108,820

94,235

82,367

2005   2007   2009   2010(년)

가계 부문의 전체 소비 규모(LG경제연구원 전망)에
해당 연도 시니어 연령층의 비중을 곱해 산출

통계청 발표에 따르면 2018년에는 고령 인구 비중이 14퍼센트를 넘어설 전망이다. 이는 이제 우리나라도 빠르게 고령화 사회로 들어서고 있다는 신호이며, 이들을 대상으로 하는 비즈니스 사업 기회도 늘어난다는 의미다. 삼성경제연구소는 우리나라의 소비 시장도 고령자 니즈(Needs)의 중요성이 부각될 것이라고 전망했다. 우리나라의 실버 비즈니스 시장 규모는 2000년 17조 원에서 2005년 27조 원, 2010에는 41조 원으로 확대될 것으로 예측됐다.

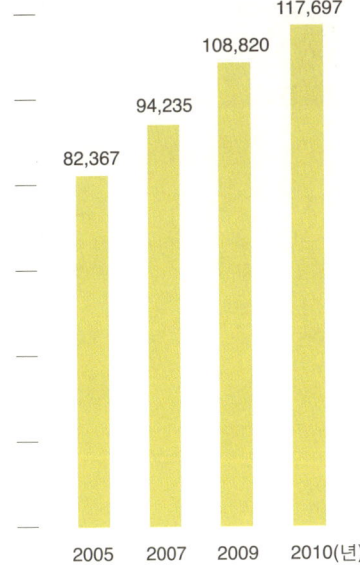

노인 복지에서 간과해서 안 될 것은 웃어른인 노인들을 대접하는 사회적 기풍을 조성하는 일이다. 국민 계몽을 위해 초등학교 교과서를 통해 경로효친 교육을 시키거나 방송국에서 노인 인권을 존중하는 프로그램을 만들고, 각 종교 단체마다 노인을 위한 프로그램을 만들도록 종교 지도자들에게 권하는 행정 지도를 해야 한다.

2018

늙고 싶은 사람은 없다.
그럼에도 지금 이 순간 지구상의 온 민족이 유례가 없는 규모로 늙어가고 있다.

고령
사회
2018

다가올 미래에 대비하라

프랑크 쉬르마허 지음 | 장혜경 옮김

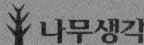

나무생각

머리카락은 염색할 수 있지만
당신이 바꿀 수 없는 한 가지가 있다.
당신 자신, 바로 당신 자신으로부터 달아날 수는 없다.
재미있게도, 세상 만물은 언젠가 모두 사라진다.
그러니 노인을 공경하라.

자비스 코커(Jarvis Cocker), 〈노인을 공경하라〉

차례

2018

남 이야기가 아니다

아직 모르고 있겠지만, 당신도 그들 가운데 하나이다. 이 책을 읽기 시작했다면 당신도 분명 징집 영장을 받게 될 것이다. 대규모 징집령이 내려졌다. 당신은 지금 세대간의 전쟁 한복판에 있다. 정신 차리고 마음을 편안히 가져라. 당신은 앞으로 혁명을 일으켜야 할 자들의 편에 서 있다.

극적으로 들리겠지만 사실이 또 그렇다. 실제로 우리는 일촉즉발의 상황에 처해 있다. 아직 일상에 구원의 닻이 든든하게 내려져 있긴 하다. 설마 무슨 일이야 있겠냐고 생각한다. 아나운서들이 뉴스를 읽고 아무렇지도 않게 스튜디오에서 나간다. 편집자들은 기사에 제목을 달고 칼럼을 쓴다. 거리의 젊은이들도 사복 차림이며 대화를 나눌 수도 있다. 어머니들은 유모차를 밀고 있다. 아직은 포격 소리도 들리지 않는다. 전선은 먼 것 같다.

하지만 미래의 지평선 상에는 노인들에 맞서 그 어느 때보다도 치열하게 싸울 군인들이 몸을 일으키고 있다. 아직 20대, 30대, 아니면 60대인 우리들을 향해 달려온다. 전쟁이 시작될 무렵이면 우리는 노인이 되어 있을 것이기 때문이다. 우리가 세운 사회가 늙어가는 우리들의 자부심, 일자리, 아니 인생을 몽땅 빼앗아간다. 우리는 과거의 윤곽과 자료를 토대로 결정을 내리며 산다. 우리가 시간을 대하듯이 공간을 대했다면, 아직도 우편마차를 타고 여행을 다닐 것이다.

지금 행동해야 한다. 낙인을 찍힐 시간이 얼마 남지 않았다. 그날이 오기 전에 노화에 대한 석기시대의 생각을 미래로 끌어와야 한다. 그것은 위대한 독립운동들에 비견되는, 가히 혁명이 될 것이다.

이 순간 우리는 아직 비판적인 군중들을 끌어 모으고 있다. 5~10년이 지나 급변의 순간에 도달하면, 마치 마법이라도 부린 듯 우리들의 눈앞에 변화된 사회가 나타날 것이다. 노화는 갑자기 찾아와 사람을 뒤흔들어놓는다는 소리를 얼마나 자주 들었는지 모른다. 사람들은 지난 세월 동안 한 번도 경고받은 적이 없는 듯 믿을 수 없다는 표정으로 눈을 부릅뜨고, 갑자기 노인이 되어버린다. 우리 사회도 마찬가지다. 달력의 흔들리지 않는 법칙은 생일이 돌아올 때마다 위험이 커지고 있다고 말하지만, 우리는 지금 흘러가고 있는 것이 마치 우리의 시간이 아닌 것처럼 행동하고 있다.

우리는 어릴 적부터 도로의 자동차를 보며 이러한 상황에 익숙해졌다. 언젠가 최신형 모델들만 도로를 활보하게 될 것이라 생각했고, 바로 이런 순서가 우리에게 시간이 흘러가고 있음을 알려주었다. 1962년 오펠 레코드, 1968년 시트로엥 앙트 그리고 폭스바겐 비틀은 달력에 찍힌 숫자와 같다. 그러나 우리에겐 정반대의 일이 일어나고 있다. 점점 더 많은 사람들이 점점 더 오래 함께 머물기 시작했고, 시간은 정지한 듯 보인다. 우리 중 다수는 부모, 조부모, 증조부모와 동시에 이 세상에 머물게 될 것이다. 처음으로 진화가 예상하지 못했던 일, 아니 진화가 치명적인 트릭으로 막으려고 했던 일이 발생하고 말았다. 더 이상 번식 능력이 없는 그룹, 생물학적 목적을 오래전에 수행한 사람들, 더 이상 수리가 안 되어 자연에게 소환당할 사람들이 사회 내 다수를 형성하는 것이다. 그리고 인류 역사상 최초로 노인의 숫자가 자녀의 숫자를 넘어서게 될 것이다.[1]

정신을 차리고 마음을 편안히 가져라. 당신은 이 노인의 편이다. 우리 모두는 막중한 과업을 앞두고 있다. 우리는 지금보다 허약해질 테지만 절대다수를 차지하게 될 것이다.

중요한 건 우리의 영혼이지 감상이 아니다. 우리의 자의식과 안전, 더불어 우리가 살아가게 될 사회의 안정이 중요하다. 다가올 세대의 이익을 생각하는 이기주의가 중요하다. 노인과 노화에 대한 차별은 전 세계적으로 경제적·정신적 불이익을 안겨줄 것이다. 2050년이 되면 중국 한 나라의 65세 이상 인구가 현재 전 세계 노인 인구만큼 늘어날 것이다.[2] 그러므로 노화를 창조적으로 만들 수 있는 종교나 문화를 가진 사회가 가장 성공할 것이다. 역설적으로 들리겠지만 우리는 고령화 사회를 살고 있는 노인으로서, 새로운 세계화 물결의 우두머리이자 희생양인 셈이다. 문제의 핵심은 최대한 오래 살려는 각 개인의 노력이다. 반면에 정확히 이런 인간의 노력을 말리려는 세상의 욕망이 날로 커지고 있다는 사실이다. 이 지구상의 많은 국가가 노인들에게서 집과 희망과 식량을 빼앗고 있다. 우리가 살고 있는 사회에선 노인들로부터 자부심과 삶의 의욕을 강탈한다.

우리의 경험과 가치, 깨달음을 바꾸는 것으로는 충분하지 않다. 우리가 옳다 혹은 좋다고 생각하는 것, 우리가 경험이라 부르는 것, 우리를 위대하게 그리고 강하게 만들었던 것들이 모조리 노화 과정이라는 '롤러' 아래에 깔려 으스러지고 있다. 그 롤러는 인정사정없는 무차별주의자다. 과거의 성공과 아름다움, 인생 경험, 심지어 재산까지도 노화의 과정 앞에선 무용지물이다. 숲에 사는 호빗들처럼 우리는 아무것도 모른 채 에그 프라이와 파이프 담배와 인생에 온기를 주는 온갖 것들을 즐기며 편안하게 살고 있다. 하지만 지평선에는 이미 우리의 생명과 생활을 영원히 파멸시키고 싶어하는 새로운 권력이 등장했다.

진지하게 받아들여라. 살아온 인생의 절반만큼이, 적어도 출생과 유년기와 청년기, 교육에 들인 시간만큼의 기간이 달려 있다. 지난 몇 십 년의 거짓 경보는 잊어버려라. "기상 이변과 달리 전 세계의 고령화가 언제 어디서 시작될 것인지는 의심의 여지가 없다." 전 미국 경제부 장관 피터 G. 피터슨(Petter G. Peterson)의 이 말은 인구학자들의 지지를 받고 있다. 우리의 노년은 편치 않을 것이다. 안락의자도, 벽난로도, 창고도 없을 것이다. 우리는 집에 있을 수 없다. 힘이 남아 있는 한, 자부심이 남아 있는 한 나아가야 한다. 우리 사회처럼 확실하게 말할 수 있는 사회도 드물다. 앞으로 30년 간 우리는 늙는 법을 완전히 새롭게 배워야 할 것이다. 그렇지 않으면 우리 사회 개개인이 받게 될 경제적 · 사회적 · 정신적 형벌을 면치 못할 것이다. 억압당한 불행한 존재, 즉 우리가 추방한, 지금은 아직 존재하지 않는 존재, 미래 우리 자아의 해방이 달려 있다.

우리의 미래

늙고 싶은 사람은 없다. 앞으로 50년 안에 이런 개인적인 바람은 유례가 없을 정도로 공공의 염원이 될 것이며, 노화로 인한 개인의 상처는 대중적 현상이 될 것이다.

지금 이미 서른 살을 넘겼다면 너나없이 개인적인 고통을 겪고 있을 것이다. 우리는 이미 고통을 체감하기 시작했다. 한때 만인의 시선을 한 몸에 받으며 도로를 달렸지만 세월이 가면서 —그나마 주인한테는 아직 쓸모가 있지만— 점점 짐이 되더니 마침내 애물단지로 전락하고마는 자동차 신세와 같다. 늙어가는 생명체에게 사회는 고통만을 줄 뿐이다. 고물 자동차 주제에 고속도로에서 얼른 비켜주지 않는다고 바짝 추격하며 위협하고, 덜덜거린다고 구박하고, 환경을 오염시키는 오물 덩어리 취급을 하다가 결국 안전상의 이유를 들어 아예 도로나 광장에 출입 자체를 막아버린다. 애꿎은 자동차를 들먹이는 비유는 이만하면 충분할 듯하다. 뒤에서 열거할 여러 가지 이유에서 우리가 늙어버린, 중고 몸뚱이로 돌아다닐 경우 경멸과 분노의 대상이 될 것이라는 사실을 알기만 하면 된다.

오늘날 지구상에 살고 있는 인류는 인류사에서 유례가 없는, 우리 모두가 예측할 수 없는 모험에 참가하고 있다. 그리고 개인들만 늙어가는 게 아니다. 모든 민족들이 늙어가고 있다. 이 과정에서 늙은 유럽의 주민들은 특별한 모순을 경험하고 있다. 두 전선에서 공격을 당하고 있는 것이다. 현대의 유럽인들은 전보다 더 오래 살고, 더 적은 자녀를 낳는다. 인구의 원동력은 이제 출산이 아닌 사망에 의해 결정되고 있다. 사회와 문화는 소리 없는 전쟁을 치른 뒤처럼 흔들리고 있다. 그 대표적인 나라인 독일은 늙어가고 있으며, 수적으로 열세가 될 것이다. UN의 예상에 따르면 2050년이 되면 독일 인구가 현재보다 1,200만 명이 줄어들 것이라고 한다. 제1차 세계대전 중 사망한 전 세계인보다 많은 숫자다. 동물의 왕국이라면 이 정도의 번식률은 곧 멸종으로 가는 선고다. 인류학에서는 그런 종을 두고 '살아 있는 죽은 자들'이라 부른다.

이러한 변화 과정은 한국 역시 피해갈 수 없는 현상으로 보여진다. 통계청이 2005년 1월 19일 발표한 '장래 인구 특별 추계 결과'에 따르면 한국의 인구는 2005년 현재 4,829만 4천 명으로 나타났는데, 이것이 시간이 흐르면서 증가하다가 2020년에는 4,995만 6천 명으로 정점에 도달한 이후 점차 줄어들어 45년

이후인 2050년에는 4,234만 8천 명에 머물 것으로 밝혀져 약 595만 명이 감소할 것으로 보이고, 2050년 이후에도 지속적인 감소가 전망되고 있다.

정치는 중요하지 않다. 적어도 이 순간에는 그렇다. 정치의 수명은 입법부의 임기에 불과하다. 정치는 인구학자들의 충고를 무시하고 인간의 평균 수명을 마음 편하게 계산하고 있다. 다시 말해 평균 수명을 더 낮게 잡아 지금 잠시 숨통을 트자는 것이다.

피터 G. 피터슨은 《포린 어페어스(Foreign Affairs)》에 실린 한 논문에서 '집단적 노화'라는 우리의 당면 문제에 대해 20세기 정치가들이 어떤 반응을 보이고 있는지 보고했다.

"경제 대국들의 정부 수반을 만나 개인적으로 이야기를 나누다 보면, 모두가 얼마나 충격적인 인구 추세가 예고되고 있는지 너무나 정확하게 알고 있다는 걸 확인할 수 있다. 그런데도 그들은 마비된 사람들처럼 행동하고 있다."

지금 읽어보아도 고령화 세계의 선언문처럼 읽히는 피터슨의 논문이, 미국 정치에 심각한 변화의 바람을 몰고 왔다는 새뮤얼 헌팅턴(Samuel Huntington)의 《문명의 충돌(Clash of Civilizations)》이 출판된 바로 그 나라에서 발표되었다는 사실은 우연이 아니다. 이 책은 동서 갈등이 끝나면서 새로운 문화 전쟁, 즉 근본주의 이슬람과 과학기술의 세기를 살고 있는 서구의 실존적 갈등이 대두되고 있다고 보았다.

우리는 이상하게도 서둘러 죽음을 강조하면서 이 정치가들의 집단적 자기 기만을 도와주고 있다. 우리는 어떤 이유에서건 오래 살 마음이 없는 것처럼 행동하고 있는 것이다. 많은 사람들이 자신은 그런 미래를 경험하지 않을 것이라 믿고 있다. 계산의 대상—이미 탄생한 사람들—이 이미 수학적 사실이 되어버렸는데도 인구 통계 자체를 불신하는 사람들도 있다. 정치만 그러는 게 아니다. 우리 자신도 우리의 평균 수명을 낮춰 잡고 있다. 인생의 마지막 몇 십 년은 안개 속에 가려져 있어야만 참을 수 있는 것처럼. 글을 읽을 줄만 안다면 누구나 미래의 문제는 우리가 개인으로서 겪게 될 문제와 동일하다는 사실을 잘 알고 있다. 하지만 솟구쳐 오르는 의혹을 떨쳐버리려는 것처럼, 우리는 만나는 사람마다 누가 물어보지도 않았음에도 허둥지둥 그렇게 오래 살고 싶지는 않다고 다짐을 한다.

이상한 부탁 같지만, 잠깐만이라도 완벽한 이기주의자가 되어보자. "늙으면 죽어야지." 따위의 말이나 그 비슷한 행동으로 표출되는 노인의 수사학—앞으로 그 심오한 원인에 대해 살펴보게 될 자기 파괴의 독백—따위는 잠시 잊어버리자. 현재 노화와 노인, 연금과 인구 통계학에 관해 주변에서 들려오는 말들을 그냥 일상의 언어로 번역해보자. 번역의 결과는 명확하다. 통계청의 추상적 노화가 아닌, 당신 자신의 노화가 지금 이미 자연의 재앙으로 취급받고 있는 것이다.

정치의 계산 착오는 개인의 경제 계획은 물론 모두의 미래에 끔찍한 결과를 초래한다.[3] 《슈피겔(Spiegel)》 통계 연감의 보도대로, 실제로 이제 곧 최초의 수명 백만장자들이 등장할 것이다. 115세가 되면 1백만 시간을 사는 셈이다. 지구를 우리의 존재로부터 해방시켜주는 것 말고는 아무것도 남길 것이 없다. 우리는 편집증에 걸린 창백한 얼굴의 부자가 될 것이다. 그리고 몇몇 젊은이들의 표정과 눈동자에서 심판이나 비난, 희망이나 궁금증을 읽게 될 것이다. 우리가 그들에게 했던 숭고한 약속의 기억을. 왜 너희들은 안 죽는 거니?

그러고 나면 아이들의 아이들이 등장할 것이다. 2025년부터 이 세상에 태어날 우리의 손자들이다. "우리는 패배하여 집으로 돌아가지만 손자들이 더 잘 싸울 것이다." 철학자 에른스트 블로흐(Ernst Bloch)가 유행시킨 농민전쟁 시대의 이 격언은, 지금껏 세대의 연속이 어떻게 미래를 창조하는지를 보여주는 사례로 손꼽히고 있다. 그러나 우리는 그렇게 되지 않을 것이다. 할아버지와 할머니의 종족이 되지 못하기 때문이다. 흔들의자나 동화, 뜨개질을 생각한다면 당신은 잘못된 세기에 와 있다. 할아버지, 할머니는 여전히 존재할 테지만 손자가 훨씬 줄어들 것이다. 사회학자 피터 심마니(Peter Schimany)는 이미 "역사적으로 새로운 결핍의 상황"을 거론하고 있다. 친척이 전체적으로 부족하다. 특히 손자, 손녀들이 사라지는 상황이다. 과거 수많은 노인들이 자신들의 사회적 유용성을 입증하는 데 활용했던 할머니, 할아버지 노릇은 이제 해볼 기회조차 사라지고 있다. 많은 수의 조부모가 적은 수의 손자를 공유할 것이다.[4] 독일의 경우, 현재 12세 아동들은 60대가 되어도 최고령층이 되어보지 못할 것이다. 그들은 80세 이상의 노인이 현재처럼 4퍼센트(320만 명)에 그치는 것이 아니라, 전체 인구의 12퍼센트(910만 명)를 차지하는 사회에서 살게 될 것이기 때문이다. 국민의 절반이 40세 이상일 것이며, 심지어 52세 이상이라는 예측도 나와 있다.[5]

즉, 이러한 전망은 21세기가 '고령화의 시대(era of population aging)'가 된다는 것이다. 출산 자녀의 감소와 의학 및 과학기술의 발달, 생활환경의 개선, 소득의 증가 등은 인간에게 더 오랜 수명을 보장했고, 선진국들을 기점으로 다른 모든 사회에서도 같은 현상이 대두되고 있다. 한국에서도 출산력 감소 및 평균 수명 연장으로 유년 인구는 감소세, 고령 인구는 증가세를 보이고 있으며, 12세 아동들이 60대가 되는 약 2050년도에는 평균 연령이 남녀 모두 80세가 넘는 83.3세이며, 국민의 중위(Median) 연령이 56.2세로 가장 높은 수준에 도달할 전망이다. 오늘날의 사회와 아무런 관련이 없는 사회가 되는 것이다. 같은 고속도로, 같은 전철을 이용하지만 영혼의 기간 시설, 즉 세대간의 관계는 완전히 달라질 것이다.

평균 수명의 족쇄가 풀리다

우리의 일상 의식 및 정치 의식이 과소평가하고 있는 건 인구 통계학적 진동의 규모만이 아니다. 우리의 세계에 균열이 일어나고 있는 속도 역시 제대로 측정하지 못하고 있다. 베이비붐 세대의 퇴직은 서구 사회 전체의 노화를 유발할 것이며, 결코 꺼지지 않는 로켓의 동력처럼 몇 십 년에 걸쳐 전체 민족을 구성할 수백만의 개인들을 65세의 날짜 변경선 너머로 발사해버릴 것이다. 새로운 경제·사회적 세상인 낯선 영혼의 세상으로 말이다. 이런 엄청난 사명의 카운트다운을 미국 인구 연구소가 비상경보를 울리며 시작했다.

"미국은 테러리즘과 싸우느라 다른 막중한 사회 문제들은 뒷전이다. 하지만 시계는 가고 있고, 베이비붐 세대의 퇴직은 다가오고 있다……. 지금까지는 베이비붐의 첫 세대가 2011년에 퇴직할 것이며, 그 후에야 노화의 물결이 밀려올 것이라 믿었다. 현재는 그 첫 물결이 2008년이면 우리에게 들이닥칠 것이라는 가정이 훨씬 더 현실적이다."[6]

이런 가정을 이미지로 그려보면, 지구는 엄청나게 거대한 양로원이 되어 우주를 돌고 있다.[7] 이런 집단 의식 속에 얼마나 많은 노쇠함, 건망증과 치매, 질병이 숨어 있을 것인가. 얼마나 많은 두려움과 양심의 가책, 자기 혐오와 자기 증오가 숨어 있을 것인가.

미국에서는 7.5초당 한 사람의 베이비붐 세대가 50세가 되고 있다. 7.5초당 한 건의 마이크로 재앙이 일어나고 있는 것이다. 마르쿠스 아우렐리우스(Marcus Aurelius)의 말을 빌리자면, 7.5초당 한 번꼴로 생명이 나쁜 사회를 얻고 있다. 늦어도 1950년에서 1964년 사이에 태어난 베이비붐 세대가 모두 퇴직하는 시점에 이르면 전 서구 세계는 비상 사태에 빠지고 말 것이다.

한마디로 조기 퇴직은 고령화 사회의 적이다. 속수무책으로 늘어나는 노인들에 대한 실질적인 복지정책이 없는 사회에서, 어떠한 조치도 없이 이른 나이에 조기 퇴직이 실행되고 있다는 것은 생산성을 잃게 된 퇴직자, 즉 노인 세대를 국가가 부양해야 하는 문제가 발생하게 되는 것이다.

예전 같으면 한국에서 30년 정도 직장생활을 하고 받은 퇴직금으로 노후를 비교적 편하게 보낼 수 있었지만, 생산 인구가 줄어드는 지금의 고령화 사회에서는 젊어서 일한 시간보다 은퇴 후의 시간이 길어질 상황이다. 그러므로 점점 더 빨라지는 조기 퇴직 바람에 맞서 우리가 과연 무엇을 준비해야 할 것인가가 주목된다.

그 사회의 혁명적 폭발력을 통계학은 파악할 수 없다. 통계학은 영혼이 없다. 퇴직하는 사람을 늙었다고 부를 뿐이다. 노인 지수(quotient)는 부양자와 피부양자의 관계를 숫자로 표시한 것이다. 하지만 노화의 얼굴은 연금 기관의 안내문보다 먼저 찾아온다. 이미 몇 십 년 전부터 인간 영혼의 집안 구석구석을 차지하고 있기 때문이다. 처음엔 지하실 어두운 구석에 숨어 있다가 곧 붙박이장 사이나 거울 뒤로 슬금슬금 기어나와 마침내 온 집안과 공급 채널을 지배해버린다.

"미래엔 연금과 양로원 자리를 두고 분배 전쟁이 벌어질 것이다."[8] 통계학자들은 이 한마디로 미래의 상황을 요약한다. 하지만 그것으로 끝이 아니다. 평균 수명이 길어지는 것으로 끝나지 않는다. 출산율이 점점 줄고 있는 나라들에서는 노인들이 젊은 사람 얼굴 구경하는 일이 쉽지 않아진다. 앞으로는 젊은 사람을 만난 경험이 값진 자원이 될 것이다. 쉽게 흥분하지 않는 미국의 인구 수학자들까지도 지금 이곳에서 세계사의 새로운 단계가 시작되고 있다는 단정을 내릴 정도로 우리가 겪을 변화의 폭은 엄청나다. 철학자이자 민속학자인 클로드 레비 스트로스(Claude Lévi-Strauss)는 고독한 예언가의 권위로 이런 말을 했다.

"인구 통계학적 재앙과 비교하면 공산권의 붕괴 따위는 아무것도 아니다."

그동안 온갖 그릇된 경보와 반복되는 종말론에 담담해진 우리는 이렇게 말한다. 나는 지금 스무 살밖에, 서른, 마흔 살밖에 안 됐어. 그리고 2020년은 아직 멀었다구. 왜 과거에도 그랬던 것처럼 조금 더 기다리면서 올바른 해답을 찾지 않는 거야?

하지만 바로 여기에 우리 상황의 특수성이 있다. 우리는 우리 앞의 수많은 세대들처럼 경보와 종말론을 간단히 무시해버릴 수가 없다. 우리는 우리의 의지와 상관없이 소집당할 것이기 때문이다. 당신이 노후를 위해 돈을 저축해야 한다는 사실은 미래의 당신과 나누는 경제적 대화일 뿐이다. 우리의 미래, 이 사회가 우리로부터 만들어낼 미래와 교류하는 다른 형식들이 그 뒤를 따를 것이다. 그렇게 되면 우리는 우리의 몸뚱이뿐 아니라, 우리의 환경에서도 노화의 흔적을 연구하게 될 것이다.

몇 년 전 산림 감독관들이 무스카우의 황야에서 잇달아 두 무리의 늑대를 목격했을 당시 관심을 보인 것은 자연보호주의자들만이 아니었다. 인구학자들도 큰 관심을 보였다.[9] 베를린 세계 인구 연구소는 동물들이 독일 국토의 동쪽 외곽 지역은 물론이고, 몇 년 후에는 튀링거 발트 같은 중심부의 인구 희소 지역까지 점령하게 될 것이라는 예상을 내놓았다. 인간이 떠나면 자연이 돌아온다. 서쪽, 묄처발트 지역에서는 이농현상으로 버려진 프랑스 지역에서 건너온 스라소니가 출몰했다.

　사실 변화는 문명 사회에서도 이미 시작되었다. 학교가 문을 닫고, 노동 시간은 길어지고, 연금은 빠듯하고, 마을은 황폐해졌다. 정치가들이 출산율 감소를 걱정하지만, 사실 문제는 하나다. 많은 자녀에게 지불될 교육비냐, 많은 노인에게 지불할 연금이냐, 그것이 문제인 것이다. 인구 통계학자들은 출산 대신 기록적 수명과 사망 사건만 기록한다. 이 모든 일들은 이제 겨우 시작이다. 우리 사회에 노인이 점점 더 늘어나다가, 결국 젊은이들보다 노인들이 더 많아질 그 순간을 불과 몇 년 앞둔 지금 일어나고 있는 일들이다.

　이런 미래의 상황에 대비해 우리의 의식을 갈고 닦지 않는다면, 우리도 1970년대의 성인들과 같은 일을 겪게 될 것이다. 우리의 기업이 환경을 오염시키고 지하자원은 고갈될 수 있으며, 우리가 성장의 한계에 도달했다는 사실을 알게 된 순간 그들은 엄청난 충격에 휩싸였다. '로마클럽(1968년 4월 서유럽의 정계·재계·학계의 지도급 인사가 이탈리아 로마에서 결성한 국제적인 미래 연구 기관—역주)'의 이런 메시지는 지난 30년 동안 양심의 가책을 통해서건 난방장치에 부착한 자동 온도 조절 장치를 통해서건 우리 모두의 매일매일을 이런저런 방식으로 규정해왔다.

세계의 고령화는 이렇게 진행될 것이다. 어느 시점부터 우리의 행동과 생각을 물들이고 각인시킬 것이며, 우리를 현재의 우리와 노인이 된 우리, 이렇게 2배로 만들 것이다. 정신과 영혼과 육체를 노쇠해질 개체군에 맞춰 대비시키는 새로운 종류의 예방 안전 조치가 취해질 것이다. 그리고 우리의 공시적 사회에서 적은 수의 젊은이들과 많은 수의 노인들, 이 두 분열하는 시간이 탄생할 것이다.

하지만 문제는 정치의 계산 착오만이 아니다. 우리 자신의 계산 착오가 문제다. 우리는 자신의 사망 날짜를 너무 이르게 잡는다. 매 순간을 활용하라고, 지각하면 당연히 벌을 받는 것으로 배워온 우리가 비극적이게도 너무도 중요한 단 한 가지, 즉 우리 생명의 총계를 잘못 계산하는 것이다. 지난 몇 년 동안 우울해지고 소심해지고 염세적으로 변한 우리는 장수의 승리를 축하할 처지가 못된다. 거기에다 여성의 평균 수명이 지난 160년 동안 해마다 3개월씩 연장되었다. 1840년 스웨덴 여성의 평균 수명이 45세로 전 세계 여성들 중 가장 길었다. 현재 일본 여성의 평균 수명은 85세다. 그리고 이런 추세는 끝이 보이지 않는다.[10] 하지만 우리는 미처 준비를 하지 못했다. 당장 정치적 · 경제적 위기는 물론이고, 정신적 위기까지 겪게 될 상황이다.

평균 수명은 우리 시대의 핵심 개념이 될 것이다. 평균 수명은 우리가 얼마나 오래 살 가능성이 있는가를 말해줄 뿐 아니라, 오늘날 살아 있는 성인과 아동들의 다수가 과거의 인간들에 비해 훨씬 더 오래 살 것이라는 사실을 숫자로 표시해준다. 이는 늘어난 평균 수명으로 사회 시스템을 뒤흔들어놓게 될 우리에게만 해당되는 사실이 아니다. 오히려 우리의 자녀들에게 더욱더 해당되는 사실이다. 지금 거리를 활보하고 있는 꼬마 숙녀 두 명 중 한 명은 평균 수명이 100세에 이를 것이며, 꼬마 신사 두 명 중 한 명은 95세까지 살 것으로 예상된다.[11] 이런 추세가 계속된다면 출생 신고서나 사망 신고서에만 변화가 일어나는 것이 아니다. 우리가 살아 있는 동안에 새로운 인류학적 상황이 발생하는 것이다.[12]

기술적 시대가 시작된 지 150년이 지난 지금, 인간은 제대로

적응하지 못한 대가를 치러야만 한다. 지금까지는 현대의 진보에
제대로 적응하지 못해 전쟁과 내전을 치렀지만, 이제부터는 우리
자신과 노인이 된 미래의 우리와 전쟁을 치러야 한다. 지금껏 발
견된 선사시대 유골 중에서 50세가 넘은 것은 하나도 없었다. 인
간이 지구상에서 살아온 시간의 99.9퍼센트는 인간의 평균 수명
이 30세였다.[13] 이제 우리는 불과 몇 세대 안에 우리의 신체, 우리
의 문화에 새겨진 십만 년의 흔적을 극복해야 한다.

　1990년대 이후 발표된 수많은 연구 논문들이 당혹감을 감추지
못한 채 이 사실을 인정했다. 인간 수명의 시간적 한계가 과연 존
재하기는 하는 건지, 이젠 더 이상 모르겠다고 말이다. 우리가 알
고 있는 바로는 이 지구상에서 가장 오래 산 사람은 122세로 세상
을 떠난 프랑스 여성 잔 칼망(Jeanne Calment)이었다. 하지만 이
나이가 절대적 경계라는 증거는 어디에도 없다.[14]

　2002년 초, 막스 플랑크 연구소 인구 통계학 분과장 제임스 버
펠(James Vaupel)이 《사이언스(Science)》지에 센세이셔널한 논
문 한 편을 발표했다. 제목이 〈무너진 평균 수명의 경계〉였다. 이
논문에서 그는 지금도 인간의 수명이 정해져 있다고, 다시 말해
인간의 수명에 한계가 있다고 믿고 있는 정부를 비난했다. 각국의
정부들이 그런 믿음으로 인해 너무나도 잘못된 평가를 내리고 있

다는 것이다. 미국 정부가 앞으로 7년 간 연장될 평균 수명을 최고 83.9세로 잡고 있는 반면, 버펠은 여성의 경우 101.5세까지 이를 것으로 예상하고 있다.[15]

현대 산업 국가의 젊은이들은 국민의 평균 수명을 낮게 책정해 미래의 대차대조표를 미화하고 있는 정부의 정책에 분개해야 마땅하다. 정부의 예측대로 되려면 지금 30세에서 50세 사이의 사람들이 제때에 죽어주어야 한다. 하지만 늘어나고 있는 우리의 생물학적 평균 수명은 사회의 기대와 대립된다. 이 말의 의미는 딱 하나다. 제때에 죽어라! 하지만 상황을 더 난감하게 만드는 건 장수의 성공 스토리가 이제 막 시작되었다는 사실에 있다.

한국의 경우, 지난 2000년 인구 주택 총조사를 통해 장래 추계 인구를 전망해보았음에도 불구하고, 급격히 감소하는 출산율과 고령화 현상으로 2005년 장래 인구 특별 추계 분석에서는 예상치 못한 결과들을 보여주고 있다. 정창신 통계청 인구 분석 과장은 "한국의 인구가 2023년에 5천만 명을 넘을 것이라는 예상은 빗나 갔으며, 인구 정점 시기도 예상보다 3년가량 앞당겨졌고, 2050년 에는 총인구가 2000년 통계 결과보다 198만 9천 명이 낮은 4,234 만 8천 명이라고 발표했다. 또한, 65세 인구가 총인구의 14퍼센 트를 넘는 고령 사회가 2019년에 도달할 것이라는 연구 결과를 수정해 1년 앞당겨진 2018년에 도달할 것이라고 했으며, 합계 출산율에 있어서도 2005년 1.37명, 2035년 1.40명이라고 예상했던 것과는 다른 2005년에는 1.19명, 2035년은 1.30명으로 변경되었다. 남녀의 평균 수명에 있어서도 2005년 남성 74.4세, 여성 81.2세이고, 2050년에는 남성 80.0세, 여성 86.2세라고 전망했던 부분이 특별 추계 결과에서는 2005년 남성 74.8세, 여성 81.5세이

〈표 1〉 현행 추계(2001년) 및 특별 추계(2005년) 비교

		특 별 추 계			현행 추계	현행 추계와 차이
		중위	고위	저위		
총인구	2005년	48,294	48,294	48,281	48,461	△167
(천 명)	정점	49,956	50,373	49,527	50,683	△727
	도달 연도	2020년	2025년	2017년	2023년	
	2030년	49,329	50,164	48,215	50,296	△967
	2050년	42,348	44,650	39,904	44,337	△1,989
고령 사회 (14%)	도달 연도	2018년	2018년	2018년	2019년	
초고령 사회(20%)	도달 연도	2026년	2026년	2025년	2026년	
합계 출산율	2005년	1.19	1.21	1.17	1.37	
(명)	2035년	1.30	1.60	1.00	1.40	
평균 수명	2005년(남,여)	74.8, 81.5			74.4, 81.2	
(세)	2030년(남,여)	79.2, 85.2			78.4, 84.8	
	2050년(남,여)	80.7, 86.6			80.0, 86.2	
국제 이동	적용 연도	2000~2003년 4개년 평균			1995~2000년 6개년 평균	

며, 2050년 남성은 80.7세, 여성은 86.6세로 수명이 낮게 측정되었다."고 발표했다.

아마도 이러한 통계적 오류들은 앞으로도 계속되지 않을까 예상된다. 왜냐하면, 그만큼 한국은 변화의 속도가 빠른 사회이기 때문이다. 과거 산업화의 경제 발전에 있어서도 세계적이라 불릴 만한 경제 성장 속도를 자랑하던 한국이었으므로, 고령화 사회로 나아감에 있어서도 세계에서 유례 없는 압축적 고령화가 이루어지고 있기 때문이다.

막스 플랑크 협회와 국립 고령화 연구소의 지원을 받은 한 연구 논문에서 버펠과 그의 동료 짐 외펜(Jim Oeppen)은 오스트레일리아, 아이슬란드, 일본, 네덜란드, 노르웨이, 스웨덴, 스위스, 미국의 자료를 바탕으로 오늘을 살고 있는 우리가 수명 혁명의 증인이 될 것이라는 결과를 내놓았다. 유럽인과 미국인의 평균 수명은 해마다 3개월씩 늘어나고 있다. 지금 살아 있는 사람들에겐 100세가 지극히 정상적인 연령이 되는 것이다. 평균 수명의 한계가 존재한다는 증거는 없다. 설사 한계가 있다 하더라도 우리는 아직 최대치의 근처에도 가보지 못했다.[16] 인간의 평균 수명은 가파르게 하늘로 치솟고 있는 직선이며, 그 생명의 기간은 확실한 한계가 없는 듯하다(39쪽의 도표를 보면 통계학이 인간의 수명을

1840년에서 현재까지 여성의 평균 수명 최고 기록

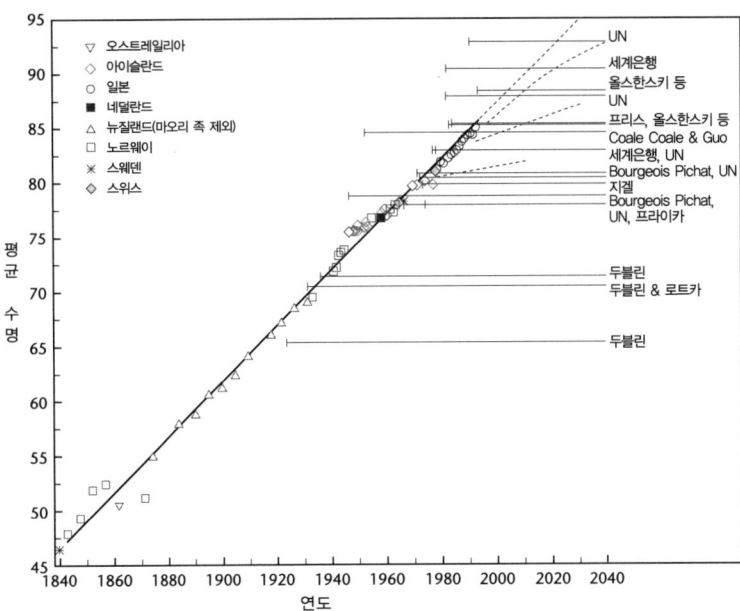

트랜드는 검은 실선으로 표시했고, 미래의 트랜드는 회색 점선으로 표시했다. 가로 검은 선은 각 자료가 주장한 평균 수명의 최고 한계선을 표시하고, 그 선 끝에 달린 세로 작은 선은 당시 각 자의 평균 수명이다. 1999년에서 2001년 사이 미국의 예측이 얼마나 급격하게 수정되었는지 알 수 있다. (출처 : 버펠, 2002년)료가 출판된 연도이다. 회색의 점선 곡선은 1986년, 1999년, 2001년 미국에서 예상한 일본 여성

과소평가했다는 사실을 알 수 있다).

평균 수명은 단순한 숫자가 아니다. 그것은 긴 수명으로 인해 생물학적 시계와 갈등에 빠진 사회에서, 긴 수명으로 인해 아주

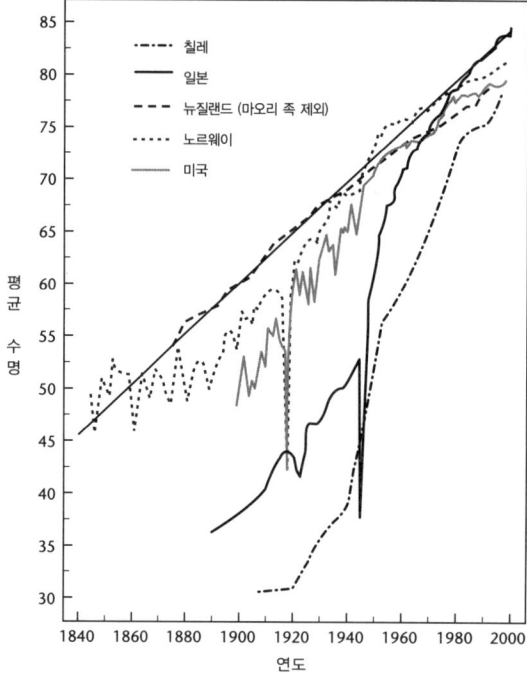

평균 수명 최고 기록(검은
색 실선)과 비교한 칠레,
일본, 뉴질랜드(마오리 족
제외), 노르웨이, 미국의
여성 평균 수명. (출처 :
버펠, 2002년)

오랫동안 죽음 곁에서 머물러야 할 사회에서, 날마다 더욱더 죽음
곁에서 살고 있는 사회에서 우리가 품게 될 기대다.

사회의 다수가 노인이라면 미래 자원은 자동적으로 사라지게
될 것이다. 1980년대까지만 해도 사용자의 편의를 위해 연도 앞
에 '19'라고 미리 인쇄된 서식이나 편지지가 있었다. 종이도, 그
종이를 사용하는 사람도 20세기가 넘으면 살아남지 못할 것처럼

말이다. 어떤 의미에서 이것은 고령화 사회의 서식들이다. 성장의 한계는 젊은이들이 노인들에게 지배당하는 기간 동안에는 시간의 한계가 된다.

이런 정신적 위기는 한가로운 일요일에 나누는 수다의 대상이 아니다. 그것은 삶과 우리의 관계를 변화시킬 것이다. 노화되고 있는 두뇌, 늙어가는 오감과 자의식의 실질적이고 생리학적인 위기가 될 것이다. 자신의 감정과 이성을 불신하는 사람들이 해마다 늘어날 것이며, 전혀 현실적인 이유가 없다 해도 경제적 우려는 날로 커질 것이며, 두뇌 활동 위축과 알츠하이머에 대한 공포는 미국 한 나라에서만 약 7천만 명의 영혼을 회색빛 안개처럼 덮쳐 그들의 행동을 조종하게 될 것이다.[17]

우리는 젊음을 잘 알고 있다. 우리 모두 그 젊음을 직접 체험했다. 우리는 젊은이들을 바라보며 흐뭇한 미소를 짓고, 그들을 시기하고, 그들을 모방하려 노력한다. 모든 인간에겐 젊은 시절이 있었기에 모든 문화는 젊음을 알고 있었다. 하지만 노년을 아는 사람은 극소수에 불과했다. 우리 사회의 문화사 및 진화사에서 노년은 완전한 새내기였다. 늘 비현실적인 것이었고, 소수의 경험이었다. 이 분야의 연구는 역사가 채 50년도 안 된다. 그러니 이 분야의 정보는 거의 없다고 보는 것이 옳다. "오늘날의 노인들은 전체 사회 구조 급변의 종을 울렸고, 삶과 죽음에 새로운 빛을 던지는 전례 없는 수명 혁명의 전위대를 형성하고 있다."[18] 생물학자 톰 커크우드(Tom Kirkwood)의 말이다.

선발대가 출정했다. 우리는 그 뒤를 따르는 군대다. 하지만 우리는 아직 서구 문명이 위대한 발견의 사명을 안고 길을 떠났다는 사실을 깨닫지 못했다. 여기서 말하고 있는 사회는 당신이 40대, 50대, 60대가 되어야 비로소 체험할 수 있는 사회다. 그때가 되면 50세, 60세, 심지어 70세의 노인들이 다수가 될 것이다. 동시에 30~40대의 비교적 젊은 세대는 이미 노화의 공포에 전염되어 있을 것이다. 당면한 인구 변화의 결과는 창궐하던 페스트의 그것에 비교된다.[19] 페스트가 창궐하던 시대처럼 현재를 숭배하게 될 것이며, 모두가 자신의 노후와 타인의 노후를 대비해야 한다는 강요성 짙은 의무에 반항하게 될 것이다. 그리고 마지막으로―이 모든 일들이 일어나는 동안―80세나 90세의 노인들이 가장 빠르게 성장하는 연령층을 형성하게 될 것이다.

건강, 가족, 사회복지 부문들은 이런 발전으로 인해 과도한 부담을 안게 될 것이다. 이 책에서 우리는 노화와 노인들에 대한 편견이 우리 문명과 우리 삶에 무시무시한 액운이 될 것이라는 사실을 다시 한번 확인할 것이다.

노화에 대한 그릇된 관념은 인간을 열등하게 만드는 다른 인종주의 못지않게 살인적이다. 말 그대로 살인적이다. 그것이 노인들의 정신적 저항력을 손상시키고, 수명을 단축시키기에 그렇다.[20] 인종주의는 종류를 불문하고 현실을 희화화시킨다는 공통점이 있다. 예를 들어 노인이 되면 잘 잊어먹고, 행동이 굼떠지고, 말이 장황해진다는 건 어느 정도까지 입증이 가능한 부분이다. 하지만 아이들이 열두 살이 되어야만 외국어를 배울 수 있다는 주장처럼 일반화시키기 힘든 개별적 과정들도 있는 법이다. 우리는 삶을 시작하는 인간들에 대해 착각하고 있다. 그리고 인생의 후반기에 이르러 우리가 그렇게 될 인간에 대해서도 잘못 생각하고 있다. 우리는 근본적으로 변해버린 삶의 감정들을 이야기한다. 그 감정들은 쇠약하다는 느낌, 죽음의 느낌으로, 한 마디로 몰락의 문화가 될 수 있다. 노화에 대한 신체·정신적 두려움을 동반한 채 인구의 다수가 점점 더 죽음을 향해 다가가면서, 우리의 과거는 연장되고 우리의 미래는 단축되고 있다.

진짜 치명적인 이데올로기

의도적으로 남들보다 짧게 살고자 결심한 사람들이 있다. 담배를 피우고 술을 마시면서 — 적어도 자각 상태에서 — 생명을 순간의 향락과 교환한다. 하지만 노인 차별을 통한 자기 파괴에는 다른 사람보다 자신이 우월하다는 공허한 자위 이외에는 즐길 것이 없다. 오히려 젊음과 영원한 아름다움의 이미지에 고착된 현실은 젊은이들마저도 불행하게 만든다.

우리가 여기서 읽고 있는 이것은 문화 비판적 팸플릿이 아니다. 이 책은 당신을 진짜 치명적인 이데올로기의 지배에 맞서 저항하는 공모자로 만들 혼잣말에 불을 지피려는 노력이다. 인종 차별이나 성 차별이 차별당하는 인간의 행동을 변화시킨다는 증거는 수없이 많다. 다행스럽게도 우리는 그런 인종주의적 차별에 맞서 항거와 저항, 촛불 시위와 서명 운동을 조직하고 있고, 심지어 지배 언어에 대항하는 새로운 언어를 만들고 있다. 그런데 유독 우리 자신이, 우리의 미래가 달린 일에서만은 두 손 두 발 다 놓고 아무 조치도 취하지 않고 있다.

1975년 미국 오하이오 주의 학자들이 20년을 기한으로 장기 연구에 돌입했다. 연구 대상은 한 도시 전체의 고령화였고, 이 연구의 센세이셔널한 결과는 2002년에야 발표되었다. 연구 참가자들은 20년에 걸쳐 6차례 자신의 노화와 노년에 대해 어떻게 생각하느냐는 질문에 대답했다. 연구 결과, 노년을 인생의 충만한 단계로 생각하며 노인들을 긍정적으로 바라보는 사람들이 그렇지 않은 사람들에 비해 약 7년 6개월을 더 오래 살았다.

"이런 차이는 사회·경제적 지위, 성별, 사회 관계, 건강 상태를 조정한 경우에도 여전했다……. 7년 6개월이면 엄청난 시간이다. 긍정적 자화상, 노화에 대한 긍정적 이미지가 인간의 생존율에 미치는 영향은, 4년 이하의 수명을 단축시키는 높은 혈압이나 콜레스테롤 수치보다도 영향력이 더 크다."[21]

미국의 학자들은 이를 '삶에의 의지'라는 간단한 공식으로 결론짓는다. 이런 의지를 가로막는 적은 사람들에게 금치산 선고를 내리려는 사람들이다. 금치산 선고는 수명의 관리 — 늦어도 65세에는 퇴직을 한다 — 에서 시작되고, 성급한 '노인' 판정에서 끝난다. 40세 이상을 다른 종의 생물로 만들어버리는 인종주의는 우리가 막지 못할 경우 치명적으로 변할 소지가 있다.

이 장에서 우리는 노인이 되면 우리 사회가 인간에게 본질적인 것, 즉 자의식과 이성을 앗아가게 될 것이라는 사실을 이야기할 것이다.

이것이 얼마나 큰 문제인지는 미국 상원의 노인 문제 조사 위원회 앞에서 캘리포니아 담당 검사가 낭독한 다음의 에피소드를 보면 알 수 있다.

"81세의 할머니가 사망한 85세의 남편을 집에서 발견해 경찰에 신고하고 구급차를 불렀다. 할머니는 경찰에게 남편이 사망하기 직전 집에서 한 여성을 보았노라고 진술했다. 하지만 모든 경찰과 관청이 그녀의 진술을 믿지 않았다. 법의학자들과 검시관들에게는 전화로만 보고되었다. 싸움을 한 흔적이 발견되지 않았기 때문에 사망 증명서도 발급되었다. 그 다음날 한 은행원이 할머니에게 죽은 남편의 계좌에서 돈이 인출되었다는 사실을 알려주었다. 그제야 경찰은 귀가 번쩍 트여 사체 해부를 지시했다. 결과는 확실했다. 할아버지는 목이 졸려 사망했던 것이다. 그로부터 얼마 후 그 신원 미상의 여성이 체포되었다."[22]

물론 이런 사건은 과거에도 있었다. 어린 시절 지역 신문의 '별난 사건' 난에서 이런 기사를 읽은 기억이 다들 있을 것이다. 하지만 이 경우는 별난 뉴스의 차원이 아니다. 왜 40세의 증인은 81세의 증인보다 더 신빙성이 있는 건까? 왜 노인의 죽음은, ㄱ 노인이 최후의 순간까지 아주 튼튼하고 건강했다 할지라도 '정상적' 사건으로, 전혀 특기할 것이 없는 사건으로 취급하는 걸까? 이런 질문을 듣고 난 연후에야 우리는 노인에 대한 사회적 차별이 개인의 안전에 어떤 결과를 초래할지 깨닫게 된다.

이 에피소드는 늙어가고 있는 인간이 도달하게 될 신빙성의 문제를 그저 미약하게 암시하고 있을 뿐이다. 문제는 우리가 현재 예상하고 있는 것보다 훨씬 더 포괄적이고 더 중요하다.

우리에게서 자율권을 앗아가는 건 그런 집단주의적 세력만이 아니다. 계속 신상품을 공급하고, 상품의 장수를 손실로 보는 시장의 힘도 무시할 수 없다. '젊음의 망상' 이데올로기는 인간의 생물학적 코드, 노화에 대한 자연의 거부와 결합되어 있기에 그렇게 강력한 힘을 발휘할 수 있다.

때문에 우리는 다른 차원의, 비물질적 종류의 예방책을 강구해야 한다. 어떤 일이 목전에 닥쳤는지, 어떻게 하면 우리 자신을, 우리의 인생사를, 우리의 존엄성을 잃지 않고서 이 위기를 극복할 수 있을지 파악해야 한다. 우리 모두는 아직도 막중한 임무를 띠고 있다. 우리는 산꼭대기도, 돌도 없는 시지프스다. 산 아래로 내려와 평지에서 계속 살아가야 할 시지프스!

노베르트 보비오(Norbert Bobbio)는 이렇게 말했다.

"노년은 당신 인생의 얼굴을 보여주고 있다. 당신의 인생관은 노년이 되어도 당신이 삶을 올라야 할 가파른 산으로 보느냐, 뛰어들어 천천히 하구로 헤엄쳐 가야 할 넓은 강으로 보느냐, 아니면 어디로 가야 다시 평원이 나올지도 모르면서 헤쳐 나가야 할 울창한 숲으로 보느냐에 달려 있는 것이다."[23]

우리는 공격당하고 포위당하고 추격당하는 탐험대의 대원들이다. 적은 등 뒤에, 눈앞에 있고, 우리 앞에는 처음 보는 회색 지대가 펼쳐져 있다. 대결은 진짜 전쟁으로 비화되기 전부터 심리전으로 시작된다. 우리의 성격이 변할 것이다. 우리 후손들은 우리를 비정하고 이기적이고 비열하다고 생각할 것이다. 하지만 우리는 이런 판단에 승복하며 살고 싶지 않을 것이다. 목표에 가까워질수록 우리는 약해지고, 분별력이 떨어질 것이며, 마지못해 살아가게 될 것이다. 이기려면 무언가를 포기해야 한다. 톨킨의 절대 반지처럼 자신의 의지를 강요하고, 우리를 복종시키고 속박하며, 심지어 우리의 이해관계와 대립되는 행동을 강요하는 그 무언가를 말이다.

이제 어떻게 해야 할까?

우리는 반권위주의적이던, 젊음에 미쳤던 몇 십 년의 가르침을 잊어버려야 한다. 아이들을 조금 더 일찍 학교에 보내고, 노인들을 조금 더 늦게, 전혀 다른 기준에 따라 퇴직시켜야 한다. 지금껏 직선이 지배하던 곳에서 공시성을 만들어내면서 인생 행로의 구조를 바꾸어야 한다. 노동 시간이 변하듯 노동의 단계도 변해야 한다. 경험, 지혜, 세대간의 교류를 복권시켜야 한다.

우리 세대의 실수나 실책만이 아니라 성공도 존중할 줄 알아야 한다. 20세기 후반에 탄생한 그 거대한 노인 떼거리에게, 그들이 거두었던 승리의 이야기도 들려줄 수 있어야 한다. 그들이 일구어 낸 가장 위대한 승리는 앞 세대들과 달리 한 번도 세계 대전을 획책한 적이 없었고, 현대의 종말론적 조건 속에서도 살아남았다는 사실이다. 이런 이야기가 중요한 이유는 단 한 가지다. 그 이야기가 노화에 빼앗긴 자의식을 되찾기 위한 수단이요, 도구이기 때문이다.

과거의 사회는 노인의 자의식 보존에 큰 관심이 없었다. 노인이 존경받던 명예로운 과거를 향한 우리의 시민적 동경은, 유감스럽게도 대부분의 경우 환상을 향한 동경이다. "그들은 더 이상 이 지상에 소용이 없기에, 죽어서 사라져 젊은이들의 앞길을 가로막지 말아야 한다."[24] 이미 고대 그리스 시대부터 이런 말들이 있었다.

다수가, 즉 젊은이들이 집과 농장을 물려받고 싶어했던 과거에는 노인 추방이 도덕적으로 그리 비난받을 일이 아니었을지 모른다. 그에 반해 우리의 미래에는 노인의 자의식만큼 필요한 것이 없을 것이다. 우리 앞의 세대는 불안과 공포, 가난과 전쟁의 세계에서 걸어나와 안전과 풍요의 세상에 도달했다. 하지만 우리는 그 반대의 길을 가고 있다. 우리의 젊은 시절은 복지와 행복의 시대였지만, 우리가 늙어가는 지금은 2001년 9 · 11 테러를 기점으로 엄청난 불안과 공포가 세계를 지배하고 있다. 인구 통계학적 문화 전쟁으로 기진맥진 탈진하거나 소심해지지 않았다면 우선 노인 차별을 향해 전쟁을 선포해야 할 것이다. 사회학자 오스틴 리먼(Austin Lyman)이 나바조 인디언 노인들과 함께 시를 지었다. 과거의 아주 소소한 승리의 경험을 서로 주고받으면서 인간이 어떻게 노화를 무사히 견뎌낼 수 있는지를 내용으로 하는 시였다. 모두들 모여 앉아 혹독한 환경에서도 어떻게 양들을 지켜냈는지 시를 지어 기억을 더듬었다. 결국 깨달음은, 폭풍우가 불어도 양을 지킬 수 있었다면 노화도 무사히 이겨낼 수 있을 것이라는 것이었다.

> 그 옛날에도 살아남았어. 그러니 지금도 다시 해낼 수 있을 거야.
> 그렇게 많은 일을 겪었으니 다시 한번 할 수 있어.
> 폭풍우와 곰, 늑대와 백인들을 물리쳤지. 그러니 노화도 물리칠 수 있을 거야.
> 아무리 상황이 열악해도 나는 양을 데리고 들판으로 나갔어.
> 그러니 나이가 아무리 들어도 하던 일을 계속할 거야. [25]

미래의 노인들은 나름의 의례와 관념과 우선순위를 만들 것이다. 지금 우리가 알고 있는 노인들과는 다를 것이다. 우리가 그 속에 끼어 있을 것이라는 사실만으로도 이미 그들은 다르다. 그것은 우리 세대의 생물학적 승리다. 그 어떤 나라도 정복한 적 없는 우리는 대신 생명의 시간을 정복했다. 미국의 문화비평가 테오도르 로스작(Theodore Roszak)은 이렇게 말했다.

"이렇게 얻은 햇수를 자원이라고 상상해보라. 네덜란드 사람들이 황량한 바다에게서 비옥한 땅을 빼앗았듯이 우리가 죽음에게서 빼앗은 문화·영적 자원이라고 말이다."[26]

냉전 시대를 살아남지 못할 것이라 믿었던 우리는 100세 노인의 세상을 향해 달려가고 있다. 물론 이 세계를 맞이하기가 쉽지는 않을 것이다. 지금껏 100세는 곧 죽음과 파괴를 의미했다. 하지만 우리는 고령화 사회에서 사는 것이 어떤 것인지 이제 몸소 체험하게 될 것이다. 우리는 폭풍우를 견디며 양을 지켜본 적이 없다. 하지만 엄청난 수명 단축의 몇 세기가 지난 지금, 우리가 정반대의 프로그램을 만들 가능성은 충분해 보인다.

몇 년 전 빌프링엔에 살고 있는 100세의 에른스트 융거(Ernst Jünger)를 찾아간 적이 있다. 당시 융거는 살아 있는, 아니 돌이 되어버린 전설 취급을 당하고 있었다. 1895년 하이델베르크에서 태어난 그는 모든 것을 보았으며, 모든 일들을 겪고 살아남았다. 90세가 훨씬 넘은 연로한 몸으로도 아침마다 냉수로 목욕을 하고, 일기와 편지를 쓰고, 책을 읽고, 명상을 하고, 긴 산책을 했다. 이 사람이 1세기 동안 꾸준히 산책을 하던 중 혹시 젊음의 샘물이라도 발견한 건 아닌가 하며 많은 사람들이 호기심을 가지고 지켜보는 삶을 살고 있었던 것이다.

이 100세의 마지막 기사가 어느 날, 작은 꼬마나 아기를 만지면 시대가 뒤흔들릴 만한 비현실적인 전류가 온몸으로 통하는 느낌이 날이 갈수록 강하게 든다는 이야기를 한 적이 있다.

"상상해보세요. 지금 내가 이 아기를 쓰다듬듯 100세의 파파 할머니가 갓 태어나 요람에 누워 있던 나를 쓰다듬었다고 말입니다. 그러니까 나의 육체는 두 세대를, 즉 프랑스 전야에 태어났던 한 세대와 22세기에도 살아 있을 전망이 충분한 다른 세대를 연결하고 있는 겁니다."

이 야간 흐린 오전, 슈다우펜베르크의 싱 앞에서 융거의 양손은 한 번의 손짓으로 1970년에서 2100년까지를 감싸 안았던 것이다.

1부_
고령화 사회의 대두

세대의 도착 시간과 출발 시간

| 전 세계와 독일의 비교 | 문화 전쟁 | 세대 전쟁

Das Methusalem-
Komplott

전 세계적으로 인간의 수명은 꾸준히 늘고 있다. 20세기에 들어선 이후 지난 한 세기 동안의 평균 수명의 연장은 극적인 수치를 보여 주고 있다. 영양 섭취가 놀랍게 개선되고, 보건 의료 기술이 날로 개선되어 장수 환경이 조성되고 있다.

세대의 도착 시간과 출발 시간

여기서 소개할 도표나 숫자를 보고 놀라지 마라. 그저 버스 회사의 배차 시간표를
쳐다보듯 담담하게 읽어라.

Das Methusalem-Komplott

여기서 소개할 도표나 숫자를 보고 놀라지 마라. 그저 버스 회사의 배차 시간표를 쳐다보듯 담담하게 읽어라. 당신의 인생에서 놓칠 수도 있을 그 어떤 교통 연결편만큼 신뢰할 수 있고, 또 그보다 더 중요한 숫자들이다.[27] 우리는 서로 상반되며 나중에 보면 현실과 맞지 않는 경제 전망들을 수없이 접했기 때문에, 예언이라면 종류를 불문하고 일단 불신부터 하게 되었다. 하지만 인구 통계와 관련된 예측은 경제 전망과 달리 놀라운 적중률을 보인다. "인구 예측은 지난 몇 십 년 동안 놀랄 정도의 정확성을 보였다." 인구학자 헤르비히 비르크(Herwig Birg)는 이렇게 말하면서, 그 증거로 1950년대에 나온 미국의 2000년 인구 예측을 제시했다. "결과는 62억 6,700만 명이었다. 40년도 더 전에 예상한 2000년의 인구와

실제 숫자(61억 명)의 차이는 3.5퍼센트이다. 예측 오차범위보다 더 낮은 수치인 것이다."[28]

여기서 거론되는 인간은 허구가 아니다. 모두가 우리들 중에 있다. 우리 스스로가 그들인 것이다. 인구학자 피터 심마니는 이렇게 말한다.

"2050년에 노인 그룹에 속하게 될 모든 사람들은 이미 태어났기 때문에 그 숫자는 상대적으로 정확하게 확정할 수 있다. 이 계산에 따르면 2000년 6억 6백만 명이던 노인의 숫자가 2050년에는 19억 7천만 명으로 3배 이상 증가할 것이다. 따라서 이 연령 그룹은, 같은 시기 동안 불과 50퍼센트 증가할 것으로 예상되는 세계 인구보다 훨씬 빠른 속도로 증가할 것이다."[29]

그때까지 85세 이상의 노인 숫자는 2,600만 명에서 1억 7,500만 명으로 6배 증가할 것이며, 100세 이상은 현재 13만 5천 명에서 220만 명으로 16배 증가할 것이다.[30]

이러한 인구의 고령화 현상은 지구촌 어느 국가에서든지 경험하고 있는 21세기의 당면 과제이다. 특히, 선진국형 인구 구조의 가장 두드러진 현상의 하나가 인구의 고령화이다.

'고령화'란 노인 인구의 상대적 증가를 의미한다. 구체적으로 설명하자면, '고령 사회(高齡社會)'란 노인 인구가 일정 비율로 증가한 어떤 단계에 와서 그 비율이 거의 안정된 상태가 지속되는 사회를 가리키며, '고령화 사회(高齡化社會)'란 전체 인구에 대비한 노인 인구의 비율이 계속해서 증가하는 상태, 즉 인구의 고령화가 진행 중에 있는 사회를 뜻한다.

UN에서는 65세 이상 노인이 전체 인구에서 차지하는 비율이 7퍼센트 이상인 사회를 고령화 사회(aging society), 14퍼센트 이상인 사회를 고령 사회(aged society)로 규정하고 있다. 현재 고령화된 사회는 북유럽과 일본, 북미와 오세아니아 등 선진 사회가 주를 이룬다. 가장 고령화된 사회는 북유럽과 일본으로서, 65세 이상 인구의 비율이 15~19퍼센트에 이르고 있다. 또한 한 나라의 인구 가운데 65세 이상의 노인 인구 비율이 4퍼센트 미만인 나라를 '유년인구국(幼年人口國), 4~7퍼센트인 나라를 '성년국(成年國), 7퍼센트 이상인 나라를 '노년인구국(老年人口國)'이라 지칭하고 있다.

21세기는 '고령화 세기'라고 명명할 수 있을 정도로 세계 인구 추이는 끝없이 그리고 상상하기 힘들 정도로 급상승하고 있다. 이러한 노인 인구 증대의 세계적인 변화 추이와 더불어 개발도상국과 아시아 국가들의 노인 인구 추이가 더욱 주목되고 있다. 1980년대 이후 2000년까지, 20년 사이의 노인 인구 증가율은 선진국의 30퍼센트에 비해 개발도상국가들의 경우 87퍼센트에 이른다고 한다. 더구나 2025년이 되면 선진국 인구는 2억 4천만 명인 데비해 개발도상국가들의 노인 인구 수는 약 5억 5,600만 명에 이르러 2.3배의 급격한 증가를 보일 것으로 전망한다(Kuroda, 1990).

고령화 사회의 대두가 지금까지 우리에게 고통을 안겨주던 모든 종말론적 예언과 다른 점은 '정확성'일 것이다. 우리가 이런 엄청난 규모의 시대 단절을 믿지 않는 건, 그것이 버스 회사의 배차 시간표처럼 미리 예고되었기 때문일지 모른다. 발발 시점을 알고 있으며, 그 결과에 두려움을 느끼지만 막을 수 없는 혁명은 우리의 상상력에 큰 부담이 아닐 수 없다.

2010년 갈등은 시작될 것이다.[31] 그때가 되면 최초의 전후 세대들이 정년 퇴직에 들어간다. 우리 사회는 두 방향에서 전복될 것이다.

- 더 높아진 평균 수명 : 여기서 대상이 되고 있는 사람들은 이미 태어났고, 그들의 수명은 아마도 지금 넉넉하게 잡아놓은 경계선마저 넘어설 것이다.
- 노인들은 죽지 않고 계속 살아 있는데, 미래에 필요한 젊은이들은 태어나지 않았다. 그렇다고 타임머신을 이용해 차후에 고칠

수 있는 성질의 문제가 아니다. 따라서 우리의 미래 기반은 그 땅에 한 발자국 발걸음을 내디뎌보지도 못한 채 무너질 것이고, 우리의 아이들이 태어나지 않았기 때문에 이 아이들이 다시 자식을 낳지도 못할 것이다.

● 세대가 거듭될수록 여성의 숫자가 줄어들 것이다. 지금 태어난 여자아이들의 세대는 수적으로 어머니 세대보다 적다. 한 세대가 유지되려면 평균적으로 여성 1인당 2.1명의 자녀를 낳아야 하지만, 현재 출생률은 1.4명에 불과하다.

출생률이 가장 높았던 해가 1964년이었으니 그 기점은 2029년이다.

독일의 노인 지수(20세에서 60세까지 인구 100명당 60세 이상 인구의 비율)는 2030년까지 거의 2배에 이를 것이다. 2002년에는 44.3이던 것이 2010년에는 46, 2020년에는 54.8, 2030년에는 70.9가 될 것이다. 그리고 2050년에는 78.0까지 치솟을 것이다.

연령 구조는 다음과 같이 변하고 있다. 젊은이의 숫자는 2050년까지 1,770만 명에서 1,000만 명 미만으로 지속적으로 감소될 것이다. 80세 이상 노인의 숫자는 3배가 증가한다.

늦어도 2050년이 되면 40세 이상 60세 이하의 인구 2명당 80

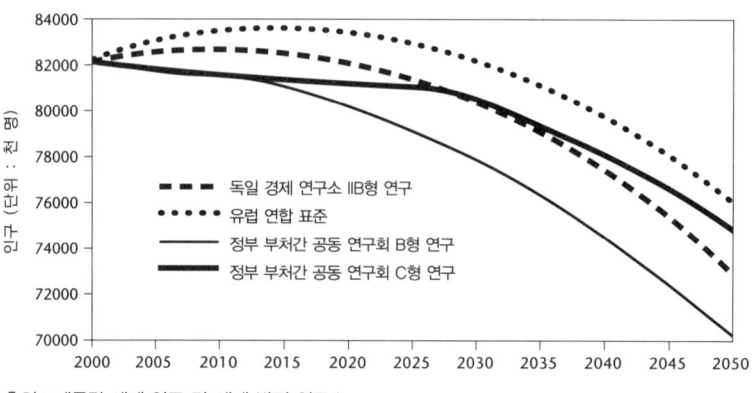

여러 기관에서 추정한 인구 변화

독일 경제 연구소 IIB형 연구
유럽 연합 표준
정부 부처간 공동 연구회 B형 연구
정부 부처간 공동 연구회 C형 연구

출처 : 베를린 세계 인구 및 세계 발전 연구소

세 이상 인구 1명꼴이 될 것이다. 상황에 따라서는 나라 밖에서 공수해야 할 정도로 젊은이 수요가 날로 증가할 것이다. 이민 장려 정책이 지금 예상하는 것 이상으로 클 것이다. 그러나 정책은 이미 가장 바람직한 경우조차도 사회적 노회의 결과를 악화시키는 정도의 역할밖에는 하지 못할 것이다. 독일의 경우 2000년의 노인 지수(경제활동 인구 100명당 65세 이상 인구의 비율)를 계속 유지하고 싶다면 약 1억 8천만 명이 독일로 이민을 와야 한다. 인구학자 헤르비히 비르크는 "(UN의 예측대로) 연간 21만 명이라는 비교적 적은 숫자의 이민자가 들어오는 경우에도 1995년 이후 이민자의 비율은 그 자손과 이미 독일에서 살고 있는 이민자의 숫자를 포함해 1995년에서 2050년까지 약 30퍼센트 증가할 것이다."
[32] 라고 하였다.

인구 통계학적 노인 부양 지수(40세에서 60세까지의 인구 100
명당 80세 이상의 인구 비율)는 12.6에서 55.0으로 4배 증가할 것
이다. 또한 남성의 인구 증가가 여성에 비해 훨씬 심하다.

90세 이상의 노인 부양 지수는(50세 이상 70세 이하와 비교해)
6배 증가할 것이다.

100세 이상의 노인 숫자는 현재 1만 1천 명에서 7만 명으로 증
가할 것이며, 2067년이 되면 11만 5천 명으로 현재의 10배가 될
것이다.

여성의 평균 수명 연장으로 인해 노인 인구 및 빈곤층의 여성
화가 진행될 것이다.

이런 진행은 통계청장의 말을 빌리면 "이미 확정되어 있기 때
문에 피할 수가 없다."는 전 세계적인 변화이다. 개발도상국은 물
론 산업 국가들도 예외가 아니다. 물론 개발도상국들이 유례없는
젊음의 붐―이로 인해 국가의 평균 연령이 낮아지고 있다―을
경험하고 있어 앞으로 몇 십 년 동안은 노인들의 숫자가 젊은이들
보다 많아지지는 않을 것이다. 하지만 아프리카의―60대 노인은
차치하고라도―80세 이상 인구가 3배, 남미의 경우 4배까지 증

<표 2> 고령화 사회 지표의 범세계적 비교

국가	성인의 비율			성인의 숫자 (단위 : 백만)			
	65세 이상			65세 이상		80세 이상	
	1990	2030	2050	1990	2050	1990	2050
중국	5.6	15.7	22.6	63.0	334.0	7,839	99,602
인도	4.3	9.7	15.1	37.0	230.9	4,017	46,999
한국	5.0	18.1	24.7	2.1	12.6	0.276	3,763
멕시코	4.0	19.9	18.6	3.3	27.3	0.644	5,979
캐나다	11.2	22.6	23.8	3.1	10.1	0.643	3,759
프랑스	14.0	23.2	25.5	7.9	15.3	2,136	5,696
독일	15.0	26.1	28.4	11.9	20.8	2,985	8,299
이탈리아	15.3	29.1	34.9	8.7	14.4	1,963	5,787
일본	12.0	27.3	31.8	14.8	33.4	2,922	12,090
영국	15.7	23.1	24.9	8.1	14.1	2,092	5,287
미국	12.4	20.6	21.7	31.5	75.8	7,213	26,914

출처 : 미국, 인구부, 1999

가했다는 사실은 지금까지 전혀 고려된 적 없는 세계화의 측면이다. 미국의 경우 보수적인 예측마저 사회복지비 및 의료비 지출이 1970년 20퍼센트에서 현재 40퍼센트, 앞으로 68퍼센트로 증가할 것이라 보고 있다.

그렇다면 한국의 상황은 어떠한가? 한국은 20세기 초까지 고출산, 고사망의 전통적인 특성을 지녔으나 1960년대 이후 경제성장과 더불어 출생률과 사망률이 급속히 감소했고, 1980년대 후반기에 들어서면서부터는 선진국 인구 구조의 형태로 근접하고 있다(김두섭, 1993). 구체적인 과거부터 전망되는 미래 인구 변화의 과정을 살펴보자.

한국은 1960년에는 65세 이상 노인 인구가 전체 인구의 2.9퍼센트에 불과했다. 그러나 1997년 6.3퍼센트, 1999년 6.8퍼센트로 증가했으며, 1999년 말을 기점으로 총인구에 대한 65세 이상 노인 인구의 구성비가 7퍼센트를 넘어선 '고령화 사회'로 진입했다(2000년에 7.1퍼센트). 그리하여 2005년 현재 9.1퍼센트를 넘어섰고, 점차 낮아지는 출산율과 사망률을 감안하면 노인 인구의 비율은 더욱 빠른 속도로 증가해 2018년 14.3퍼센트로 고령 사회에 진입하고, 2026년에는 20.8퍼센트로 본격적인 초고령 사회에 도달할 것으로 전망되고 있다(통계청, 2005).

이처럼 한국의 경우는 고령화 속도가 선진국에 비해 매우 빠른 것으로 나타나고 있어, 앞으로 도래할 고령화 사회에 직면해 나타날 여러 가지 사회 문제에 더욱 시급히 대처해 나가야 할 것이다. 다른 선진국의 고령화 속도를 보면, 고령 인구 7퍼센트에서 20퍼센트에 도달하는 데 프랑스는 155년, 영국 91년, 미국 88년, 이탈리아 81년, 독일 78년이 소요된 것으로 나타난다. 현재 일본의 경우 그 속도가 36년으로, 다른 선진국보다 월등히 빠르다. 그러나 한국의 경우 고령화 속도가 일본보다 더 빠르게 나타날 것으로 예상되고 있다. 〈표 3〉에서 나타나듯이 한국은 불과 26년 만에 노인 인구(65세 이상)의 비율이 전체 인구의 7퍼센트가 넘는 '고령화 사회'에서 노인 인구 비율이 20퍼센트가 되는 '초고령 사회'로 진입할 것으로 추정하고 있다. 이는 고령화가 급속하게 전개되어 앞으로 한국 사회가 안게 될 노인 문제의 심각성을 예견케 해 주며, 또한 그 해결을 위한 준비 기간이 그만큼 짧다는 것을 의미한다.

〈표 3〉 인구 고령화 속도 추이

	도달 연도			증가 소요 연수	
	7%	14%	20%	7% → 14%	14% 20%
일 본	1970	1994	2006	24	12
프 랑 스	1864	1979	2019	115	40
독 일	1932	1972	2010	40	38
영 국	1929	1976	2020	47	44
이탈리아	1927	1988	2008	61	20
미 국	1942	2014	2030	72	16
한 국	2000	2018	2026	18	8

자료 : 일본 국립사회보장·인구문제연구소, 《인구통계자료집》, 2003

한국의 인구 구조 변화는 인구 전환 현상(demographic transition) 및 인구 재분배 현상(population redistribution)에 의해 이

루어졌다. 인구 전환 현상은 정부의 인구 억제 정책에 따른 국가 계획으로 인한 출산율의 저하 및 위생과 의학 분야의 발달로 인한 사망률 저하의 결과, 인구 증가율이 둔화되어 인구의 고령화를 가져온 현상이다. 인구 재분배 현상은 산업화에 따른 이촌향도형(離村向都形) 인구 이동으로 인한 도시지역 인구의 집중 현상 및 농촌지역 인구의 절대 감소 현상(윤종주, 1985)이며, 그 결과 가족 형태의 변화가 초래되었고 새로운 노인 문제가 제기되었다.

〈표 4〉 모의 연령별 출산율 및 출생아 수 추이

(단위 : 천 명)

	1970	1980	1990	2000	2003	2010	2020	2030	2050
합계 출산율	4.53	2.83	1.59	1.47	1.19	1.21	1.24	1.28	1.30
20~24	193.1	135.9	83.2	39.0	23.7	23.7	23.3	23.0	22.8
25~29	320.6	242.7	169.4	150.6	112.3	111.4	111.9	112.5	112.8
30~34	205.7	114.0	50.5	84.2	79.9	83.6	88.1	93.4	96.2
35~39	105.9	40.2	9.6	17.4	17.3	18.2	19.7	21.5	22.4
총출생아 수	1,007	865	659	637	493	458	380	339	229

*합계 출산율 : 한 여자가 가임기간(15~49세) 동안 낳을 평균 출생아 수

한국의 출산율은 1960년대까지만 해도 높은 수준이었다. '둘만 낳아 잘 기르자' 등의 구호로 가족계획을 선도한 결과, 1960년대 후반부터 출산율이 급격히 감소했다. 그 후 '한 집 건너 한 자녀'를 낳는 수준으로 급격히 떨어지면서, 1980년대부터는 인

구 대체수준(population replacement level)을 밑돌게 되었다. 가임 여성 1명이 낳는 자녀 수(합계 출산율)가 1970년 4.53명에서 1980년 2.83명, 1990년 1.59명, 2000년 1.47명, 2003년 1.19명으로 나타났고, 출생아 수도 1970년 1백만 7천 명이었던 것이 2003년 49만 3천 명으로 절반 수준 이하로 급감했다. 또한, 만혼화 현상으로 인해 25~29세 출산율이 둔감하는 특징을 보이며 30~34세, 35~39세의 출산율이 증가하고 있음을 살펴볼 수 있다.

고령화 추이는 노인 인구층의 다른 연령층과의 상대적 규모가 변한 데서도 원인을 찾을 수 있다. 노인 인구의 증가율이 전체 인구의 증가율을 앞서고 있고, 특히 14세 이하의 연소 인구의 증가율을 앞서고 있음은 연소 인구, 생산 인구 및 노인 인구의 상대적 구성비를 변화시키게 된다. 세계 인구의 연령 구조는 차츰 젊은 경제활동 인구(15세 이상 64세 미만 인구)의 비율이 크게 줄어들면서, 경제활동 인구 한 사람이 부양해야 하는 유년과 노년 인구의 비율(부양비, dependency ratio)은 크게 상승하게 된다는 것이다. 또한 경제활동 인구 자체도 고령화되어 20~30대 청·장년층보다는 40~50대의 중·장년층의 비율이 증가하고 있음을 보여준다. 실제로 2005년 올해 생산 가능 인구

는 3,467만 1천 명으로 총인구의 71.8퍼센트에 달하지만, 2016
년 3,649만 6천 명(총인구 중 73.2퍼센트)을 정점으로 점차 감소
하기 시작해 2050년에는 2,275만 5천 명으로 급감해 총인구의
53.7퍼센트 수준으로 선진국보다 더 줄어들 것으로 전망된다.
고령화 지수는 지난 1970년 7.2퍼센트에서 1980년 11.2퍼센트,
1990년 20.0퍼센트, 2005년 47.4퍼센트로 급속도로 높아지고
있어 갈수록 젊은 경제활동 인구의 부양 인구에 대한 부담이 커
져감을 확인할 수 있다.

〈표 5〉 연령 계층별 생산 가능 인구 추이

(천 명, %)

	1970	1980	1990	2000	2005	2010	2020	2030	2050
생산 가능 인구									
15~64세	17,540	23,717	29,701	33,702	34,671	35,852	35,838	31,892	22,755
(총인구 대비)	(54.4)	(62.2)	(69.3)	(71.7)	(71.8)	(72.8)	(71.7)	(64.7)	(53.7)
15~24세	5,838	8,613	8,784	7,697	6,908	6,468	5,547	4,266	3,235
25~49세	9,179	11,812	16,148	19,816	20,661	20,428	18,395	15,763	10,295
50~64세	2,522	3,292	4,768	6,189	7,102	8,956	11,897	11,863	9,225
구성비									
15~64세	100.0	100.0	100.0	100.0	100.0	100.0	100.0	100.0	100.0
15~24세	33.3	36.3	29.6	22.8	19.9	18.0	15.5	13.4	14.2
25~49세	52.3	49.8	54.4	58.8	59.6	57.0	51.3	49.4	45.2
50~64세	14.4	13.9	16.0	18.4	20.5	25.0	33.2	37.2	40.5

자료 : 통계청(2005), 장래 인구 특별 추계 결과

이러한 인구 구조의 변화와 함께 평균 수명의 연장은 고령화 사회의 두드러진 특징으로 지적된다. 전 세계적으로 인간의 수명은 꾸준히 늘고 있다. 20세기에 들어선 이후 지난 한 세기 동안의 평균 수명의 연장은 극적인 수치를 보여주고 있다. 영양 섭취가 놀랍게 개선되고, 보건 의료 기술이 날로 개선되어 인간의 수명을 연장시키며 전반적으로 장수 환경이 조성되고 있는 것이다.

세계 인구의 평균 수명을 살펴보면, 1960년의 경우 선진국 국민들은 69.2세인 데 반해 개발도상국 국민들은 46.1세였다. 그러나 1995년에는 선진국의 경우 평균 수명이 74.7세로 5.5년이 증가한 데 비해, 개발도상국의 경우는 63.1세로 무려 17년이나 증가되었다. 또한 2010년에 이르러서는 선진국은 평균 수명이 77세이고, 개발도상국은 67.7세로 연장될 전망이다(통계청, 1996).

미국의 경우 100년 전만 하더라도 65세 이상의 노인 인구는 전체의 4퍼센트에 불과했으나, 오늘날에 와서는 13퍼센트를 상회하고 있다. 특히 85세 이상 고령자는 더욱 빠른 속도로 증가해 지난 40년 간 증가한 인구 가운데 85세 이상 고령 인구의 증가폭이 300퍼센트나 되며, 65세 이상 노인 가운데 이들의 비율이 10퍼센트를 넘어섰다(김동일, 2003). 또한, 1940년에 불과 3,700명이었던 100세 인구가 40년이 조금 지난 1982년에는 3만 2천 명에 이르렀고, 그로부터 15년이 지나서는 거의 2배가 되는 6만 1천 명으로 늘어났던 것이다(Row & Khan, 1998).

대표적 고령화 사회의 하나인 일본의 경우 또한 1960년대 150여 명에서 2000년 1만 5천여 명으로, 지난 40년 간 100세 이상의 고령 인구는 100배나 증가했다(김동일, 2002).

이상에서 살펴본 것과 같이 100년 전만 해도 세계에서 100세를 넘는 사람은 희귀한 편이었으나, 오늘날에 와서는 100세 이상의 고령 인구 또한 기하급수적으로 늘어나고 있다.

평균 기대 수명은 한국의 경우에도 가파르게 증가 추세를 보이고 있다. 1960년에는 출생 당시 평균 기대 수명이 52.4세였으나, 1971년 62.3세(남자 59.0세, 여자 66.1세), 1981년에는 66.2세(남자 62.3세, 여자 70.5세)였으며, 1991년에는 남녀 평균 70세를 넘은 71.7세였고, 2005년에는 77.9세(남자 74.8세, 여자 81.5세)에 이르고 있다. 2020년의 평균 수명은 81세(남자 78.2세, 여자 84.4세)로 전망하고 있고, 2050년에는 83.3세(남자 80.7세, 여자 86.6세)로 한국도 선진국 수준에 버금갈 정도로 '장수 사회(長壽社會)'를 맞이할 전망이다.

<表 6> 평균 수명 추이(1971~2050년)

(단위 : 세)

	1971	1981	1991	2002	2005	2010	2020	2030	2050
계	62.3	66.2	71.7	77.0	77.9	79.1	81.0	81.9	83.3
남 자	59.0	62.3	67.7	73.4	74.8	76.2	78.2	79.2	80.7
여 자	66.1	70.5	75.9	80.4	81.5	82.6	84.4	85.2	86.6
차 이	7.1	8.2	8.2	7.0	6.7	6.4	6.2	6.0	5.9

자료 : 통계청(2005), 장래·인구 특별 추계 결과

전 세계와 독일의 비교

지금 우리에게 주어진 시간을 지체없이 활용해야 한다.
우리가 지금처럼 무기력하다면 고령화의 지진은 결국 우리를 덮치고 말 것이다.

개발도상국들이 겪고 있는 현실이 또 한 차례의 젊음의 붐만은 아니다. 미국이 새 천년이 시작되면서부터 계속 경고하고 있는 'age quake', 즉 노화의 지진 역시 이들의 당면 현실이다. 스웨덴 같은 나라에서는 노인 인구가 2배로 증가하자면 앞으로 84년은 더 있어야 하지만, 싱가포르는 불과 20만 명만 더 있으면 2배가 된다. 중국은 한 자녀 정책으로 인해 30년도 안 되어 65세 인구의 비율이 2배로 증가할 것이다. 현재 방글라데시는 60세 이상 인구의 숫자가 720만 명에 이른다. 앞으로 50년이 지나면 4천만 명 이상으로 증가할 것이다.

개미 왕국마다 각 왕국의 발전 방향을 결정하는 것은 집단의 구성이다. 우리라고 해서 다를 게 없다. 지금 우리에게 주어진 시간을 지체없이 활용해야 한다. 우리가 지금처럼 무기력하다면 고령화의 지진은 결국 우리를 덮치고 말 것이다.

그리고 가족 구조는 수직적으로 변할 것이다. "사촌들이 줄어들 것이고 4대, 5대가 동시에 살 것이다."[33] 그들 사이에 전혀 새로운 관계가 형성될 것이며, 가족 내에서 돈과 상품, 문화적 내용의 거래가 전혀 새로운 터부에 의해 결정될 것이다. 거기에 2차 인구 통계학적 변화가 있을 것이다. 현재의 아동들은 앞으로 약 30년 후가 되면 우리의 여생에 막대한 영향을 미치게 될 중요한 결정을 내리게 될 것이다. 스스로 자녀를 낳을 것인지, 그들의 자녀가 조부모를 갖게 될 것인지를 결정하는 것이다.

1935년에서 1965년에 태어난 여성들 중 자녀가 없는 여성의 비율

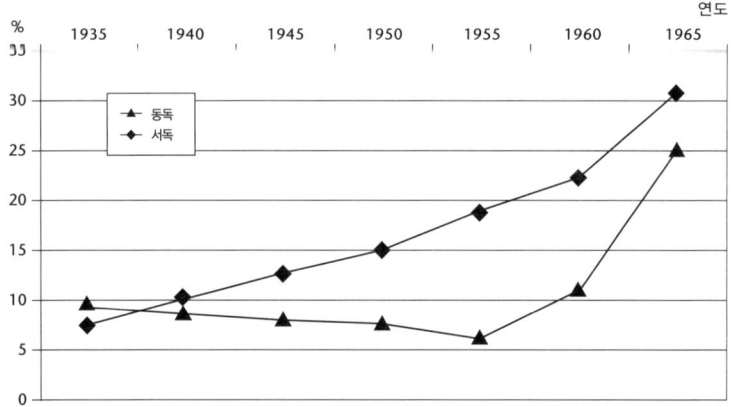

출처 : 베를린 세계 인구 및 세계 발전 연구소

독일 연령별 인구 분포도

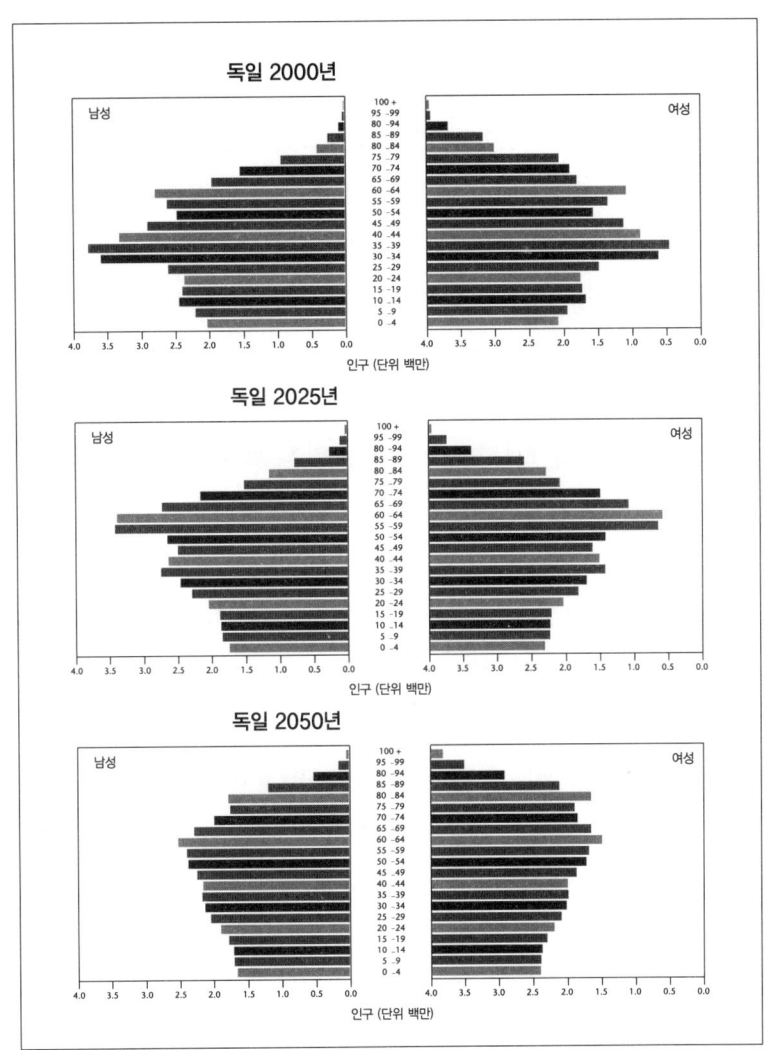

독일 2000년

남성   여성

인구 (단위 백만)

독일 2025년

남성   여성

인구 (단위 백만)

독일 2050년

남성   여성

인구 (단위 백만)

출처 : 베를린 세계 인구 및 세계 발전 연구소

D a s   M e t h u s a l e m -
K o m p l o t t

경 제 적 결 과 들

노인의 비율이 100퍼센트 증가하면 연금 액수는 절반으로 줄어들 것이고 보험료는 2배로 증가할 것이다. 경제 수요에도 많은 변화가 있을 것이다. 건강 산업과 그와 관련된 서비스업은 급성장하는 반면, 주택 건축과 가구 시장은 위축될 것이다. 연금 개혁의 경우도, 분담금 방식에서 2023년부터는 전환의 혜택을 받게 될 젊은층이 이미 소수가 되어버린다. 2027년이 되면 절반 이상이 개혁에 반대할 것이다. 현재 독일에서 살고 있는 모든 세대를 2001년 발효된 조세, 연금, 사회보험에 따라 취급할 경우, 국민총생산의 225.9퍼센트가 구멍이 나게 된다. 다시 말해 부채가 연간 수금액보다 훨씬 많아지는 것이다.

한국에서도 고령화 현상은 개인적 차원뿐만 아니라 국가·사회적인 수준에서 커다란 도전이 된다. 고령화는 노동 공급 감소와 취업 인구의 노령화를 불러 기업과 국민 경제에 심각한 타격을 줄 수 있다. 통계청(2005)은 한국의 50~64세 근로자 비율이 2005년 20.5퍼센트에서 2020년 33.2퍼센트, 2050년 40.5퍼센트 증가하고, 청·장년층인 25~49세 근로자 비율은 2005년 59.6퍼센트에서 2050년 45.2퍼센트로 감소해 점차적으로 취업 인구의 노령화가 이루어질 것이며, 앞으로 5년만 지나면 이른바 베이비붐 세대가 노동 일선에서 본격적으로 은퇴를 시작하면서 노동력 부족과 노인 부양 비용이 가져올 사회·경제적 충격이 클 것이라 전망했다.

그렇다면 고령화에 따른 노동 공급 감소와 취업 인구 고령화가 왜 문제인가? 그것은 첫째, 노동력 구조에서 공급이 부족해지면 기업이 적정 인력을 확보하고 유지해 나가는 데 필요한 비용이 더 늘어난다. 앞으로는 기업이 적정 노동력을 확보하지 못해 퇴출될 가능성도 지금보다 많아질 것이다. 둘째, 노동력 고령화는 기업의 노동 생산성을 떨어뜨린다. 한국의 경우 이 문제는 특히 제조업에서 심각해질 전망이다. 보통 육체 노동이 요구되는 제조업 생산직은 첨단 제조업으로 분류되는 컴퓨터나 사무용 기기, 전자부품, 통신장비 제조업체의 생산직보다 노동력 고령화가 상대적으로 빠르기 때문이다. 한국 제조업체 근로자의 평균 연령은 2002년 36.3세인데, 2020년에는 40.1세로 높아질 전망이다. 노동집약 제조업체는 향후 지식 혹은 기술 기반 제조업으로의 전환이 불가피할 것으로 보인다.

또한, 고령화에 따른 경제적 문제로 소비 침체를 들 수 있다. 선진국에서는 사람들이 일하는 동안 모은 돈을 소비로 돌리므로 고령화가 진전되면서 국민 경제의 저축률은 줄고 소비가 늘어난다. 그러나 한국에서는 지금 고령화가 급속하게 진전되는데도 소비가 위축돼 있고, 앞으로도 소비가 늘어나기가 쉽지 않다. 지난 외환 위기 이래 조기 퇴직이 일반화되면서 고령 인구의 소비 여력이 줄어들고 있고, 퇴직하지 않은 중 · 고령층은 연봉제 도입 확산 등 임금 구조 개편으로 임금 수준이 갈수록 낮아지고 있기 때문이다.

문화 전쟁

지금 살고 있는 세대가 해결해야 할 통합 과제는 아주 독특하다.
주로 이슬람권에서 건너온 이민자들을 유럽인과 통합시켜야 한다.

Das Methusalem-Komplott

이런 자료들을 바라보며 우리가 후손들을 위해 해주어야 할 일
은 단 한 가지밖에 없다. 늙어가는 것이다. 우리는 오래 살아야 하
고, 그러면서 위축되지 않는 강인한 자의식을 갖추어야 한다. 이
것이 뭐 그리 독창적인 생각은 아니다. 하지만 우리 문화가 어떻
게 살아남을 것인가는 바로 여기에 달려 있다.

1993년 여름, 미국 외교 정책 전략 잡지라 할 《포린 어페어스》
에 한 편의 기사가 실렸다. 그 기사는 그동안 그 잡지 — 혹은 지난
몇 년 간 다른 잡지들 — 에 실렸던 수많은 글들 중 가장 큰 파장을
불러일으켰다. 정치학자 헌팅턴이 쓴 이 기사는 그 사이 유행어가
되어버린 '문명의 충돌', 즉 다른 곳보다도 이슬람 세계와 서구 세
계의 경계선에서 엄청난 갈등을 불러오게 될 새로운 세계 질서를

다루었다. 당시 수많은 사람들은 헌팅턴의 예언을 21세기 미국 외교 정책의 청사진이라고 생각했다. 그리고 어쨌든 그 이후의 사태들은—이라크 전쟁에 이르기까지—마치 헌팅턴이 만들어놓은 모델 같아 보인다.

그로부터 6년 후 같은 잡지에 실린 또 한 편의 기사는 그리 많은 주목을 받지 못했다. 분명 헌팅턴의 주제와 관련이 있었지만 겉보기에는 전혀 다른 문제를 다루고 있는 것처럼 보였다. 그것은 사회의 고령화를 다룬 기사였다. 기사를 쓴 사람은 닉슨 시절 경제부 장관을 역임한 바 있고, 투자은행 리먼 브러더스의 회장인 피터 G. 피터슨으로, 그 나름의 문화 전쟁을《회색빛 황혼》이라는 제목으로 출판했다(우리나라에서는《노인들의 사회, 그 불안한 미래》라는 제목으로 출판되었다—역주). 그는 다음 세대만 되어도 "산업 국가들의 경제 및 정치 시스템들"이 고령화의 물결로 인해 뒤바뀔 수 있을 것이라고 예언했다. 그리고 마지막 부분에서 산업 국가들 모두가 참여하는 "고령화의 정상"을 제안한 바 있다. 불행히도 그의 제안은 세계무역센터가 공격당하는 바람에 사람들의 관심을 끌지 못하고 말았지만 말이다.

실제 '세대간 전쟁'을 이해하지 못한다면 '문화간 전쟁'도 이해하기가 힘들다. 즉, 부상하는 근본주의의 위협과 회색빛 황혼의 자체 위기는 서로 짝을 이루고 있다. 헌팅턴은 이미 오래전 앞에서 소개한 그 논문에서(후엔 그의 책에서) 그 사실을 예언한 바 있었다. 하지만 당시만 해도 2010년부터 서구 사회의 고령화 속도가 어느 정도로 엄청날지 입증할 자료가 부족했었다.

물론 이제는 확연해지고 있다. 산업 국가들의 고령화는 마치 사인 곡선처럼 앞으로 30년 안에 이슬람 국가들을 엄청난 청년 물결로 뒤덮고 말 것이다.

"1970년대 이란 국민 전체에서 청년 인구가 차지하는 비율이 극적으로 증가해 1970년대 말에는 20퍼센트에 육박했다. 그리고 1979년 이란 혁명이 발발했다. 이것이 순수한 우연은 아닐 것이다."

그 이후 다른 여러 이슬람 국가들에서도 계속 현대화 과정이 진행되었고, 동시에 일종의 경제적 시민 계급이 탄생해 새로운 이슬람 청년들을 낳았다. 이 젊은 이슬람인들의 저항 정신은 많은 점에서 1968년 학생 세대의 그것과 닮았다. 사우디아라비아 출신의 빈 라덴 추종자들이 자기 나라에 대해 이야기하는 걸 듣고 있노라면, 마치 과거의 68세대들이 자기 국가에 대해 이야기하는 걸 듣고 있는 듯한 착각에 빠진다. 서구의 혁명분자들, 버클리, 베를린, 파리 출신의 68세대들이 일선에서 물러나 퇴직하는 바로 이 순간, 근본주의 이데올로기에 감염되어 세계의 부당함에 분노하고 있는 이슬람 중류계층 출신 자녀들이 혁명 드라마의 부활을 외치며 집결하고 있는 것이다.

헌팅턴은 미국의 예측을 기준으로, 장차 청년 인구 비율이 최소 20퍼센트에 이르게 될 국가들을 그의 책에서 호명하고 있다. 현재 해당 국가는 이집트, 이란, 사우디아라비아, 쿠웨이트다. 하지만 우리 입장에서 보면 헌팅턴이 연령 구조를 근거로 2010년부터 위험하다고 판단한 국가들의 발전 상황이 더 두렵다. 파키스탄, 이라크, 아프가니스탄, 시리아 등이 바로 그들 국가다.

정말 멋진 상징의 이미지가 아닐 수 없다. 이슬람 국가들에서 청년 인구의 비율이 20퍼센트에 육박하는 역사적인 순간, 대부분의 서구 국가들에서는 노인 인구 비율이 같은 수치에 도달하거나 그 수치를 초과하고 있으니 말이다. 스페인의 경우 2050년이 되면 60세 이상 인구의 비율이 43퍼센트를 초과하게 될 것이라고 한다.[34]

한 세대 전체에 영향을 끼쳤던 1972년 뮌헨 올림픽 테러 사건도 지금 와서 되돌아보면 9·11 테러에서 절정에 도달할 연쇄 반응, 세대 경험의 시발점인 듯 보인다. 2010년에서 2050년까지, 당신이 늙어갈 이 몇 십 년 동안 위기는 결국 재앙이 되고 말 것이라고, 수많은 자료들이 그렇게 말하고 있다.

우리는 살아 생전 문화권간의 테러 전쟁에서 벗어나지 못할 것이다. 9·11은 이런 측면에서 새로운 시대의 시작을 알리는 서막이다. 이는 또한 내일의 노인들이 쪽수를 빌미로 젊은층을 정치적으로 지배하게 되리라는 상상이 상당히 비현실적이라는 의미이기도 하다. 우리는 젊은층의 보호를 받게 될 것이다. 젊은층은 숫자는 적지만 강하다. 정치가, 은행원, 기자, 의사, 간호사도 젊은이들일 것이며, 우리가 투표권을 빌미로 그들을 약탈하려 들 경우 당장 우리에게 저항하려 들 것이다.

젊은층에 대한 약탈이 불가능한 또 하나의 이유는, 유럽의 특수 상황이다. 독일과 유럽 연합이 아무리 보수적인 이민 정책을 고수한다 하더라도 이민자의 숫자가 줄어들 경우 사회의 통합 능력은 심각한 도전을 받을 것이다. 모로코에서 터키까지 지중해 연안국들의 성장은 앞으로도 계속될 것이기 때문이다. 인구 통계학적으로만 보아도 유럽 연합 국가로의 이주 압력은 심각하게 증가할 것이다. 하지만 거꾸로 고령화된 유럽 사회 역시 아랍권의 젊은층에 대한 수요가 증가하고 있는 실정이다. 독일이 실제로 이민국이 되고 말 것이라는 가정은 독일 사회에 대한 염세주의적 진단에 뿌리를 두고 있다. 이민자들이 없다면 독일의 인구는 2080

년—즉 우리 아이들이 노인이 되는 시점—현재의 절반으로 줄어들고 말 것이다.

지금 살고 있는 세대가 해결해야 할 통합 과제는 아주 독특하다. 주로 이슬람권에서 건너온 이민자들을 유럽인과 통합시켜야 한다. 우리 아이들이 과도한 노인 숫자에 놀라 이 나라를 떠나지 못하도록 막아야 한다. 동시에 미래의 젊은 엄마들이 출산과 일을 병행할 수 있도록 도와주어야 한다. 우리 사회가 파국적 연령 구조로 인해 가치 위기와 자의식의 위기에 빠져들고 있는 바로 그 순간, 적어도 연간 20만 명에 달하는 이민자들에게 서구의 가치와 언어, 서구식 애국주의를 가르쳐야 하는 것이다.

친(親)이민정책은 한국에서도 유용한 정책적 대안이다. 노동 시장에 진입하는 인구보다 빠져나가는 인구가 더 많아지는 고령화의 충격을 덜기 위한 진통제 역할의 중요한 변인이 될 것이기 때문이다. 선진국들이 적극적으로 이민정책을 실행하고 있는 이유는 그만큼 고급 노동력을 확보하기 위한 것이다. 그러나 현재 한국은 '웰컴(Welcome) 코리아' 보다 '바이(Bye) 코리아'를 외치고 있다. 한 홈쇼핑 업체에서는 캐나다 이민 상품을 제시해 순식간에 700억 원이라는 수익을 얻는가 하면, 미국 등 영어권 국가의 시민권을 획득하고자 '해외 원정 출산붐'이 해마다 늘어가고 있는 실정이다. 과거에는 상류층의 전유물로 인식되었던 원정 출산이 요즘에는 중산층과 서민층까지 합세해 2003년에는 7천 명을 넘을 것이라는 추정이다.

아무튼, 급상승하는 바이 코리아 열풍을 막지 못하면 한국의 미래는 잔혹한 암흑만이 존재할 것이 분명하다. 더구나 요즘처럼 경기 불황으로 인해 공장이 해외로 빠져나가 산업공동화가 심화되는 상황에서, 인력공동화 현상까지 문제로 드러난다면 그 결과는 생각할 수 없을 정도로 참혹할 것이다. 이러한 인력난을 극복하기 위해서는 한국도 친이민정책에 대한 구조적인 개정 및 새로운 제정이 단행되어야 할 것이다. 문제는 '현대판 노예제도'라 불리는 산업연수생제도와 반인권적 조항들이 이슈화되는 외국인 고용허가제도에 대한 새로운 규정의 확립이 선행되어야 하겠다.

실제로, 산업연수생제도만을 보더라도 1993년 저개발국에 대한 기술 이전과 협력을 목적으로 한다는 도입 취지와는 달리 암암리에 이주 노동자를 연수생으로 받아들여 그 권리를 제약하는 편법의 일환으로 운영되어왔고, 연수생 신분으로 입국한 이주 노동자들의 상당수가 퇴직금이나 연월차수당 등을 지급받지 못하며, 잔업수당 및 휴게 시간 또한 제대로 보호받지 못해 더 나은 노동 여건을 찾아 근무지를 이탈하게 되는 역기능적 제도로 이용되어왔다. 선진국들처럼 외국의 노동 인력을 친이민정책과 같은 제도로 활용해 사회통합 방안을 모색해야 할 이 시점에서 보더라도 현재 한국의 고령화 사회의 사회·경제적인 문제에 대한 대책방안이 시급함을 알 수 있다.

위협받고 있는 사회에게 인생 경험과 삶의 지혜에서 나온 자의식을 선사하는 것, 이것이야말로 15년 후 이 나라에 살게 될 사람들의 가장 막중한 임무다.

늙는다는 것은 약해지거나 지치는 것이 아니다. 노인들을 허약하게 만들지 않는 것이, 위협받고 있는 우리 공동체의 생존 규칙이 될 것이다.

세대 전쟁

세대 갈등은 '전쟁'이라 불러도 전혀 손색이 없을 정도로 투철하고 혁명적인 힘을 발동시킨다.
어떤 의미에서는 역사가 가장 깊은 전쟁이자 가장 현대적인 전쟁이다.

Das Methusalem-Komplott

세계사에는 수많은 전쟁이 있었다. 맨주먹으로 싸운 전쟁, 창으로 싸운 전쟁, 화기와 폭탄을 사용한 전쟁, 방어전과 섬멸전, 내전과 문명전……. 그리고 세대간 전쟁이 있다.

세대 전쟁은 여타 다른 갈등이나 전쟁과는 근본적으로 다르다. 군대가 등장하지도 않고, 서로 총을 쏘시도 않고, 포로를 잡지도 않는다. 그럼에도 세대 갈등은 '전쟁'이라 불러도 전혀 손색이 없을 정도로 투철하고 혁명적인 힘을 발동시킨다. 어떤 의미에서는 역사가 가장 깊은 전쟁이자 가장 현대적인 전쟁이다. 생물학적으로 프로그래밍되어 있기에 역사가 가장 깊은 전쟁이며, 수천 년 전부터 심리전으로, 말과 모욕의 전쟁으로만 치러졌기에 가장 현대적인 전쟁이다. 젊은이들은 노인들의 정체성을 파괴해 노인들을 죽인다. 그리고 그 과정에서 거의가 언어와 이미지만 사용한다.

심리전은 노인들에게 자신의 아름다움에 대한 믿음, 자신의 오감과 이성에 대한 믿음을 앗아감으로써 인간의 자의식을 무너뜨린다. 소포클레스의 아들은 법정에서 90세의 아버지가 정신이 온전하지 못하다고 주장했다. 아버지에게 똑같은 짓을 한 수많은 다른 자식들처럼 그 역시 그런 말로 가문의 재산을 빼앗으려 했다. 소포클레스는 정신이 온전하다는 증거로 자신이 쓴 비극의 한 구절을 읊어보겠노라 요청했지만, 그의 제의는 거절당했다.[35] 말과 이미지의 전쟁에서는 그 이미지가 그리스의 희극 작가 아리스토파네스의 작품에서 나왔건 로레알에게서 나왔건 상관이 없다. 그저 늙어가는 사람의 기를 꺾는 일에만 관심이 있을 뿐이다.

좋았다는 그 옛날, 그 시절의 모습은 이랬다.

"그렇게 비방과 온갖 종류의 불손하기 짝이 없는 행동이 늘어갔다. 몇 주, 심지어 몇 달 동안 노인들한테 아예 말도 걸지 않았다. 설령 몸이 허약하거나 병이 들어도 와서 돌보지도 않았으며, 자식의 의무를 다하지 않는 것은 물론이고 부모한테 안 좋은 일이란 안 좋은 일은 다 일어나라고 고사를 지내고, 왜 안 죽는지 모르겠다고 사방팔방 떠들고 다니면서 그렇게만 될 수 있다면 무슨 일이건 협력을 아끼지 않았다. 입만 열었다 하면 노인들 험담이고, 손을 쳐들어 노인들을 위협하기도 했다. 부모에게 딱딱한 빵 한 조각을 던져주느니 차라리 개한테 고기 한 조각을 갖다 바쳤다. 부모와 자식간에 일어나고 있는 이런 비밀들을 엿본 사람이라면 놀라 어지럼증을 느끼면서 뒤로 나자빠지지 않을 수 없을 것이다. 그렇게 몰래몰래 자식들이 저지르는 짓들은 슬금슬금 기어 들어오는 페스트처럼 가장 흉악한 악행의 비밀이기 때문이다."[36]

요한 프리드리히 마이어(Johann Friedrich Mayer)가 18세기 말 늙은 농부들의 운명에 대해 보고한 내용이다.

영혼의 전쟁 배후에는 노화와 경제의 갈등이 숨어 있다. 이 갈등은 우리 인간 전체의 역사에 영향을 미치고 있으며 — 자연은 다른 곳에서도 그러하듯 노인에게서 전 재산을 빼앗으려고 하는 존재들의 스승이다 — 노인들이 젊은이들의 앞길을 가로막는다는 주장의 원천이다. 젊은이들은 노인들을 비난하고 살아 생전 유산을, 다시 말해 재산의 양도를 노린다. 세대간 전쟁은 거의 언제나 지상의 지옥으로 묘사된다. 젊은이들은 노인들을 대상으로 욕을 하고 고함을 치고 테러를 하고 비웃고 경멸하고 저주한다. 2700년 전에 이미 헤시오도스는 이런 말을 했다.

"흉측한 말들로 호통을 치고 나서도 백발의 부모에게 키워준

대가조차 되돌려주는 법이 없다."[37]

19세기 말 연금보험이 도입된 이후, 이렇게 공격적으로 노화와 경제를 관련시키는 분위기는 점차 사라졌다. 연령 피라미드가 확고하게 자리를 잡고 세대의 협약이 제 기능을 다하는 동안 세대 전쟁의 야비한 경제적 본질은 잊혀져버렸다. 그런데 그와 더불어 65세 이상의 노인들을 반드시 경제적 순환에서 퇴출시킬 필요는 없다는 사실마저 동시에 잊혀졌다. 모든 세대가 65세가 되면 퇴직을 해왔기 때문에, 노인들이 아주 활동적이고 영향력이 크며 경제 각 분야에서 생산적으로 협력할 수 있다는 생각을 아무도 할 수 없게 되어버린 것이다.

군국주의 이슬람이 우리 사회를 중세로 되돌려놓으려는 유일한 세력이라는 주장은 믿지 마라. 우리 문화의 코앞에도 새로운 중세가 다가와 있다. 죄와 영겁의 벌이라는 중세적 세계상을 공감하기 힘든가? 그렇다면 내가 당신을 도와주겠다. 우리 사회의 노인관을 새로운 발전에 맞춰 바꾸지 않을 경우, 우리는 인생의 가을에서 새로운 중세의 탄생을 목도하게 될 것이다.

지금 시각에서 보면 2010년이 지난 세계에는 중세의 죽음과 몰락의 분위기, 원죄와 처벌의 안개가 드리워져 있다. 물론 그 벌은 내세에서 받을 것이 아니다. 우리가 받게 될 벌은 인생의 후반기에 찾아올 것이다. 청춘의 40년 동안 저질렀던 온갖 실수와 경솔한 행동을 문책하는 죄의 시간, 다시 말해 젊음이 넘치는 이 세계의 피안이다. 죄와 그것의 세속적 대응물인 부채는 시대의 핵심어가 될 것이다. 다들 노인들에게 죄의식을 부추길 것이다. 그리하여 노인들은 살아 있다는 사실 그 자체에 죄의식을 느끼게 될 것이다.

물론 정확한 날짜 같은 건 없다. 세대 갈등이 폭발해 그 당사자들이 최악의 사태를 막기 위해 잔고 검사를 하게 될 날짜란 존재하지 않는다. 갈등은 서서히 시작될 것이다. 그리고 우리 문화 내부는 물론 외부, 즉 다른 문화와의 관계에 눈치 채지 못할 정도의 더딘 변화를 가져올 것이다.

과거 한국에서는 도저히 상상도 할 수 없었던 일들이 일어나고 있다. 평균 수명이 30~40대였던 시절 60대 이상의 노인이란 사회적으로 희소할 뿐 아니라 상대적으로 충분한 부양 잠재율을 견지하고 있었기 때문에, 굳이 사회적으로 생산적 주체일 필요가 없었다. 따라서 시대와 문화적으로 차이는 있었겠지만, 노인은 사회적으로 존경과 우대의 대상이었고, 경쟁의 대상이 아니었다. 유학 사상으로 충만된 동양권에서는 오히려 충효(忠孝)사상을 바탕으로 하여 노인에 대한 공경(恭敬)을 사회적으로 제도화했다.

그러나 시대의 변화에 따라 노인층 인구가 급증하고 사회·경제적 환경이 급변함에 따라 노인의 희소성이 사라졌을 뿐 아니라, 경제적 피부양자로서의 사회적 부담이 크게 증대하는 요인이 되고 있다. 따라서 현대의 노인층은 과거의 노인에게 제공되었던 충효를 바탕으로 한 공경은 기대할 수도 없는 회색지대(gray zone)에 놓이게 되었고, 결국 고령화로 인한 경제적인 문제는 세대 전쟁으로까지 이어진다는 것이다. 세대 갈등은 피할 수 없는 세계적인 대세다. 한 가지 예를 들어보자.

한국에서 1988년도부터 시행된 국민연금은 20년이 지난 2008년부터 약 3백만 명을 넘는 연금 수급자의 발생으로 인해 2036년이면 적자가 발생하고, 2047년이 되면 연금 고갈 상태에 이를 것이라고 한다. 현재 환갑을 넘은 상태라면 이러한 경제적 위기에서 벗어날 수 있는 확률이 높겠지만, 아직 중·장년층 그리고 그보다 어린 세대에 속해 있다면 그들간의 세대 갈등은 불가피한 일이다.

사회가 늙어가는 고령화 지수[(65세 이상 인구/1~14세 인구)×100]는 2005년 47.4퍼센트로, 유년 인구 100명당 고령 인구 47명 정도에 해당한다. 그에 따라 15~64세의 생산 가능 인구가 부양해야 할 수치는 2005년 유년 부양비(0~14세 인구/15~64세

인구)로 26.7퍼센트, 노년 부양비(65세 이상 인구/15~64세 인구)로 12.6퍼센트 정도에 해당한다. 문제는 시간이 흘러가면서 유년 부양비는 출산력 감소로 계속 낮아질 전망이고, 노년 부양비는 평균 수명 증가로 2030년 37.3퍼센트, 2050년 69.4퍼센트로 크게 높아질 전망이라는 것이다. 이는 부양 문제와 관련되어 2005년 생산 가능 인구 7.9명당 노인 1명을 부양했지만, 2030년 2.7명당 노인 1명, 2050년에는 1.4명당 노인 1명을 부양하는 셈이 된다는 것이다.

<표 7> 부양비 및 고령화 지수 추이

(인구 백 명당)

	1970	1980	1990	2000	2005	2010	2020	2030	2050
총 부양비	83.8	60.7	44.3	39.5	39.3	37.3	39.4	54.7	86.1
유년 부양비	78.2	54.6	36.9	29.4	26.7	22.3	17.6	17.4	16.7
노년 부양비	5.7	6.1	7.4	10.1	12.6	14.9	21.8	37.3	69.4
고령화지수	7.2	11.2	20.0	34.3	47.4	66.8	124.2	214.8	415.7

자료 : 통계청(2005), 장래 인구 특별 추계 결과

이러한 현실에서 세대간 경제 충돌은 불가피하다고 예상할 수 있다. 한 예로, 1954년부터 1965년까지 태어난 '베이비붐 세대'와 그 이후 1970년대 중반 사이에 태어난 '베이비버스트(출산율이 뚝 떨어지는 현상)' 세대간 전쟁이 일어난다(박동석, 2003). 두

세대는 현재 40대와 30대로 정치·경제·사회활동의 원동력이 되고 있는 사회 주역들이다. 그러나 앞으로 20년 후쯤 개혁에 실패한 연금이 휘청이기 시작하면서 갈등은 표면화된다. 즉, 노후의 마지막 보루인 연금의 '파이(크기)'와 관련된 문제다. 인구의 고령화로 먼저 연금을 수령해가는 베이비붐 세대로 인해 재정이 바닥을 드러낼 조짐을 보이면서, 그 아래 세대들이 내는 연금보험료는 높이게 된다는 것이다. 이러한 과정에서 연금을 통해 자신들의 노후를 보장받으려는 베이비붐 세대와 자신들의 노후뿐만이 아닌 윗세대의 연금까지 책임을 강요받는 아래 세대간의 경제 충돌은 불가피한 것이다. 더구나 요즘 유행어인 사오정, 오륙도라는 용어가 생길 정도로 충분히 생산성이 있는 성인을 힘없고, 인지 능력이 떨어지는 사람으로 취급해 이른 시기 직장으로부터 조기 퇴직시킨다는 것은, 윗세대에 대한 아래 세대의 부양 부담을 증가시키는 데 한몫을 하고 있는 것이다. 결국 이러한 사회 구조로 인해 세대간의 경제 충돌은 불가피한 것이다.

　미래의 고령화 사회가 야기할 문제가 심각하기는 하지만 사회·정치적 문제에 한정될 것이라 믿는 사람이 적지 않다. 하지만 실상은 그렇지가 않다. 국내 정책은 물론 국제 정치에서도 우리는 우리의 집단적 노화가 몰고 올 문제들과 끊임없이 마주치게 될 것이다. 노화라는 주제가 지구를 오염시키는 전염병처럼 매일매일의 뉴스거리가 될 수 있는 것이다. 우리 사회는 늙어가고 있는데, 지구의 다른 끝에서는 여전히 엄청난 출산율과 젊은이들이 넘쳐나기에 고령화의 영향력은 대내외적으로 동시에 우리에게 와닿을 것이다. 피터 G. 피터슨은 앞으로 빈곤선이 기존의 남북간에서 젊은 국가와 늙은 국가를 가르는 선이 될 것이라 예언했다.《포린어페어스》에 실린 논문에서 피터슨은 이렇게 말했다.

"현재 저임금 국가들, 특히 중국이 재정이 완전히 확보된 연금 시스템을 마련할 수 있는 상황이 된다면 잉여 자본도 늘어날 것이고, 따라서 고령화되고 있는 현재의 몇몇 강대국들이 이 자본에 의존하는 사태가 발생할 수도 있다. 어떤 결과가 초래될까? 국제 외교는 어떻게 변할까? 어쩌면 어느 날 중국인들이 미국인들에게 건강보험제도를 개혁하라고 요구할지도 모를 일이다. 지금 미국인들이 중국인들에게 인권정책의 변화를 요구하는 것처럼 말이다."[38]

뚜껑을 열어도 열어도 자꾸만 더 작은 인형을 숨기고 있는 러시아의 마트로시카처럼, 세계의 고령화는 대륙과 국가를 초월한 국제적 연관 관계에서 출발해 각 가정과 각 개인들에게로, 나아가 각 개인의 각 세포핵에 이르기까지 확장되고 있다.

무 관 심 한   사 람 들

2003년 대다수 독일인들이 미래에 야기될 문제를 알게 되었다. 하지만 다들 자신들과는 아무 상관 없는 미래인 양 행동했다. 75퍼센트가 독일 인구가 앞으로 30년 간 줄어들 것이라 예상했고, 84퍼센트가 독일의 평균 연령이 상승할 것이라고 대답했다. 또한 설문 응답자들 중 많은 수는 인구 통계학적 변화의 영향을 정치가 해결해줄 수 있다고 믿지 않았다. 정치가 당쟁에만 정신이 팔려 시급한 현안은 등한시하고 있다고 응답한 사람이 76퍼센트에 이르렀다.

그렇다면 정치를 비난한 그들의 대안은 무엇인가? 인구 통계학적 변화의 부정적 결과를 줄이기 위해 어떤 조치를 취해야 한다고 생각하는가? 정년을 늘려야 한다는 방안에 9퍼센트가 찬성하고, 76퍼센트가 반대했다. 연금보험 및 간병 보험료를 올려야 한다는 데에는 66~67퍼센트가 반대했다. 그 외에도 조세 부담을 높여야 한다는 등의 방안이 제시되었다. 여러 방안들 중에서 응답자들의 찬성률이 높았던 항목은 가족 지원 강화(83퍼센트 찬성), 봉사활동 후원(58퍼센트 찬성) 등이었다.

사람들은 미래의 시나리오를 바탕으로 자신의 노후를 설계한다. 어쨌든 모두들 노후에 자신들이 엄청난 변명과 추가 지불의 압박에 시달릴 수 있을 것이라는 생각은 전혀 못하고 있는 듯하다.[39]

국가의 연령층에 따라 국가간 새로운 경제적 종속 관계가 생겨나듯 세대간도 그런 식으로 분류될 것이다.

한 사회 내에서도 자녀가 없는 부부와 자녀가 있는 부부 사이에 엄청난 소요의 증기가 뭉게뭉게 피어오르고 있다. 이기주의자들의 분파를 물리치기 위해, 부양자들의 분파가 연대할 것이기 때문이다. 자식도 부모도 없는 노인이 가족 구조의 요새 안으로 숨어버릴 수 있는 사람들을 상대로 자기 권리를 주장해야 하는 곳에서는 전투의 고통이 더더욱 클 것이다. 그 정도쯤은 뛰어난 상상력이 없어도 누구나 그려볼 수 있는 미래의 그림이다.

미국에서 인구 통계학적으로 가장 고령자가 많이 사는 주(州)인 플로리다에서는 독신 남녀들이 새로운 입양 형태를 시험하고 있다. 고아들의 교육에 돈을 투자해 훗날 그 아이들이 자신들을 돌보아주기를 기대하는 것이다. 그들의 예상이 절반이라도 맞아떨어진다면, 플로리다에서는 이미 사회정책으로 결정된 그 사안을 우리도 한번 고려해볼 수 있을 것이다. 앞으로 우리가 유례없는 대량 번식의 축제를 벌이며 출산율을 높이려 안간힘을 쓴다 해도, 우리가 느낄 수 있는 건 기껏해야 미미한 변화의 움직임뿐이다. 출산율 증가는 30년이 지나야 인구에 영향을 줄 수 있고, 60년은 지나야 눈에 띄는 인구 증가로 이어질 것이기 때문이다.

"아직은 현실로 다가오지 않았을지 모른다. 하지만 플로리다의 엄청난 노인 집중 현상(인구의 19퍼센트)은 인류의 미래를 보여주고 있다. 오늘날의 플로리다는 개발 국가들이 머지않아 도달하게 될, 아니 추월하게 될 벤치 마크다. 이탈리아는 2003년, 그 뒤를 이어 일본이 2005년, 2006년에는 독일이, 2016년에는 프랑스와 영국이 현재의 플로리다를 능가하게 될 것이며, 미국은 2021년에 그렇게 될 것이다."[40]

우리는 우리의 부모와, 그리고 어쩌면 우리의 조부모와 같은 시간의 축에서 살게 될지도 모른다. 또 어쩌면―모든 자료가 확인해주고 있듯―우리처럼 늙은 자식들과 함께 살지도 모를 일이다.

그로부터 발생할 수 있는 원초적 두려움을 벗어던질 수 있으려면 모든 변혁에 선행하는 것이 필요하다. 그것은 바로 공모(共謀)다!

2부_
공모

Das Methusalem-
Komplott

노화에 대한 증오와 노화에 대한 두려움은 원초적 폭력이다. 한때 전제군주가 우리 조상들을 지배했듯 우리를 지배하게 될 권력이다. 그들의 지배에 항거할 수 있는 건 단 하나다. 모든 변혁에 선행하는 것, 바로 공모다.

노인 차별에 숨어 있는 특별한 형태의 자기 증오를 몰아내자는 공모다. 미래의 다수를 차지하게 될 노인들을 건망증 심한 거추장스러운 장애물로, 낡아 못 쓰게 된 쓰레기로 구박하면서 저승사자 취급을 한다면 우리 사회는 살아남지 못할 것이다. 노인 차별을 묵인한 결과 우리가 겪게 될 재앙은, 우리 자식들이나 손주들 혹은 미래 세대들이나 먼 세상의 끝을 강타하는 것이 아니다. 바로 우리 자신을 강타할 것이다. 하지만 그건 우리가 허약하고 늙었을 때, 오래전 자의식을 잃어버렸을 때다. 노화에 대한 증오와 노화에 대한 두려움은 원초적 폭력이다. 한때 전제군주가 우리 조상들을 지배했듯 우리를 지배하게 될 권력이다. 그들의 지배에 항거할 수 있는 건 단 하나다. 모든 변혁에 선행하는 것, 바로 공모다.

여기서 내가 말하고자 하는 건 유행하는 현상이 아니다. 노인 의학적 '진보적 정치관'의 새 단계도 아니다. 노인 차별에 대항하는 전투에선 이제껏 젊음의 의미를 결정해왔고, 이제 늙어버린 자신을 참을 수 없는 인간들의 허영심도 도움이 되지 않는다. 인간의 노화를 가장 독자적인 문명의 사건들 중 하나로 새롭게 정의하지 못한다면, 우리는 안락사의 문명 속으로 걸어 들어가게 될 것이다. 우리의 생명을 판 돈으로 그렇게 될 것이다. 그러므로 우리의 생명이 달린 문제다. 곧 모든 것이 달린 문제다. 미래의 다수인 우리가 노화에 대한 생각을 바꾼다면, 노화를 대하는 모든 사회의 자세를 바꿀 수 있다. 극적으로 노화되어 여생이 극적으로 짧아진 사회는 미래도 짧다. 가장 값진 자원과 시간을 잃어버리게 되는 것이다. 서구의 고령화 사회는 이슬람 국가들의 젊은 사회와 대결하게 될 것이지만, 그곳의 근본주의적 엘리트 계급이 생각하는 기간은 우리의 상상력이 도저히 미칠 수 없는 시간이다.

오늘날 통계학 자료에 숫자로 기록된 내용은 우리가 될 것이다. 그리고 우리의 귓전에는 지나치게 많은 우리의 숫자를 두고 벌어진 설전이 들려오게 될 것이다. 안락사에 대해, 가망 없는 노인을 병원에 입원시켜 생애 마지막 몇 주를 비싸게 보내게 함으로써 사회복지 체제에 부담이 된다는 내용의 토론이.

고도의 현대 사회에 노인만 우글거리고 젊은이는 찾아볼 수 없다면 어떤 일이 일어날지 아무도 말해줄 수 없다. 사회의 다수가 여생을 20년밖에 안 남겨둔 사람들일 경우 무슨 일이 벌어질지 지금 우리는 알지 못한다. 그들의 우수와 공포가 사회에 반영될까? 소수의 젊은이들이 시끄럽고 요란스러운 경주용 자동차처럼 이 사회를 휘젓고 다닐 동안, 노인들은 그저 잘못 굴려 망가진 중고 자동차처럼 삐걱거리고 있을까?

이 생애 마지막 20년의 극적 효과는, 자식이 있는 노인들보다 자식이 없는 노인의 숫자가 더 많다는 사실로 인해 더욱 강화된다. 아이들은 모두 성인 부모가 있지만, 성인들은 모두 아이가 있는 게 아니다. 생물학적 프로그램을 수행하지 못했거나 수행할 수 없었던 성인들이 적지 않은 것이다.

우리는 정보 사회에 살고 있다. 한때 온 세상을 오염시켰던 산업 사회가 자연에게 저질렀던 짓을, 이제 정보 사회가 온갖 채널을 통해 노인에 대한 고정관념을 널리 보급함으로써 노인들에게 똑같이 저지르고 있다. 인류는 족히 30년 전 이미 한 번, 자멸할지 모른다는 두려움에서 교훈을 얻었다. 비록 내키지는 않았지만 그래도 전혀 새로운 세대가 영향을 받을 정도로 꾸준하게 로마클럽의 경고를 가슴에 새겼고, 환경과 새로운 관계를 키워 나가기 시작했던 것이다. 자연과 자연의 보물에 대한 의식을 키워 나갔고, 자원이 부족하고 정말 값진 것이라는 의식을 쌓아 나갔다. 그렇게 자연의 값진 자원을 존중하는 법을 배웠으니 이제 우리는 인간의 가장 값진 자원인 수명을 존중할 줄 알아야 한다. 산업 사회에서는 자연은 절대 포기할 수 없는 존재라는 사실을 깨닫지 않을 수 없었다. 정보 사회는 고령화되고 있는 인간의 경험과 자의식, 지식과 지혜를 포기할 수 없다.

인류는 이미 여러 차례 생물학적 프로그램을 일부나마 고쳐 쓰는 데 성공했다. 거대한 적군 자연을 동맹군으로 만들었다. 사냥이 제공하는 직접적이지만 안정적이지 않은 이익을, 농경을 통한 간접적이지만 안정적인 이익과 교체했다. 인류는 예방책을 배웠고, 그를 통해 날로 복잡해지는 관료주의를 탄생시켰다.

우리의 진입은 시간이다. 석기시대 인간은 채 40년을 못 살았다. 아이러니하게 들리겠지만 이 햇수는 장차 대다수 독일인들의 남은 수명에 해당하는 숫자이다. 다수가 40세 이상이 될 것이고, 따라서 현재의 노화 및 연금 이데올로기로는 최대 25년의 생활과 노동밖에는 계획할 수가 없다.

시지프스는 거듭해 고통 속으로 올라가 기쁨 속으로 내려온다. 카뮈는 정상을 빼앗긴 사회는 고통과 기쁨도 빼앗기게 될 것이라고 말했다.

　인간에겐 거대한 평지의 영웅 정신이 필요하다. 새로운 수명 달력이 필요하다. 강한 자화상과, 노화는 불행한 숙명이 아니라 변화라는 확신이 필요하다.

　우리가 거대한 적인 노화와 힘을 합해 우리의 자학을 물리칠 때, 그때서야 비로소 우리는 석기시대를 벗어나게 될 것이다.

'젊음의 망상'의 끝

늘어가고 있으며 죽어가고 있는 베이비붐 세대는 이번에도 새로운 문화를 탄생시켜 우리의 마음을 사로잡을 것이다.

Das Methusalem-Komplott

우리는 매일 온갖 종류의 잡지와 방송, 영화에서 머리에 피도 안 마른 이 한 쌍의 부부를 만난다. 그들은 향기와 향락을 선전하고, 뉴스와 해설을 입으로 내뱉고, 섬유를 뛰어넘은 소재로 몸을 휘감고 있다. 그들은 놀라운 신세계의 이야기요, 약속이다. 〈천일야화〉의 아름다운 셰에라자드처럼, 종말이 다가올지 모르니 전대 끝내서는 안 될 동화와 행복의 약속이다. 하지만 내가 보기에 셰에라자드는 곧 이야기를 중단할 것이다.

과거를 떠올려보자. 젊음의 이미지에 대한 총체적 고착이 언제 이렇게 경제적으로 변질되었던가? 그리 멀지 않은 과거다. 1960년대 초부터 사람들은 젊음을 좇았다. 패션, 음악, 광고, 영화 등 눈으로 보고 즐기며 여흥을 찾는, 언제 어디서나 사람들은 젊음을 지향한다.

세계적인 패션 잡지 《보그(Vogue)》의 편집장 다이안 브릴랜드(Diane Vreeland)는 처음으로 'Youthquake'라는 개념을 사용해 널리 보급한 인물이다. 이 개념은 이 시대의 패션과 팝 음악, 청년 문화를 지배하고 있는 '질풍노도의 분위기'를 대변하고 있다. 행복이 되어야 함에도 행복이 되지 못하는 파멸, 거대한 새 소비자 군단을 주문으로 불러낸다. 이 개념은 오늘날까지도 광고를 통해 우리의 의식으로 전달되고 있는 '젊음의 망상'의 출발점이었다. 실제로는 소비자의 다수가 날이 갈수록 늙어갈 것이기 때문에 우리 사회에는 성인의 소아주의가 탄생할 것이다. 아이들처럼 말하고 아이들처럼 옷을 입는 40대가 우글거릴 것이며, 텔레비전과 책은 영원한 유년기의 기억을 추억할 것이다. 특히 1970년에서 1985년에 태어난 세대가 그러하다.

1967년, 당시 16세에서 19세이던 청소년들이 패션 제품의 67퍼센트를 구매했다. 쇼핑을 즐기는 이 소비자 전위부대는 늦어도 2010년이 되면 정년을 맞이하게 될 것이다. 그 이후 일어날 일은 지금 이 순간 아무도 예상할 수 없다. 아마 2005년에서 2010년 사이에 우리 문화는 점진적으로 변하기 시작할 것이다. 이런 변화의 서곡은 현재의 연금 논의에서 확연하게 느낄 수 있다.

진짜 쇼크는 아마 2010년에서 2020년 사이에 일어날 것이다. 1960년에서 1970년 사이에 태어난 세대는 이 10년 동안 전적으로 개인적인 노년의 위기를 겪게 될 것이다. 우리 사회에서 여전히 기세가 등등한 우울한 노인상으로 미루어볼 때 엄청난 슬픔과 공포의 분위기가 퍼져 나갈 것이다. 또 평균 수명의 연장으로 여러 세대의 노인들이 동시에 살게 될 것이다. 그들은 생물학적으로나 사회 · 경제적으로 전혀 다르지만 모두가 똑같이 '노인'으로 불리게 될 것이다. 결국 전혀 다른 세대들이 아주 독특한 방식으로 뒤섞이게 될 것이다.

　마이클 잭슨이 최고의 전성기를 구가하고 있을 때 고등학생이던 사람들은 50대가 될 것이고, 68세대는 70~80대, 심지어 제2차 세계대전을 겪은 세대가 함께 새로운 사회의 다수가 되어 사회의 '늙은' 쪽에서 살게 될 것이다. 하지만 그것이 전부가 아니다. 이 모든 일들이 벌어지는 동안 늙어가는 미국의 베이비붐 세대는 한때 자신들의 젊음을 상품화했듯 자신들의 노화를 세계화시킬 것이다. 미국 재산의 70퍼센트를 좌지우지하게 될 그 한 세대가 말이다.[41]

베이비붐 세대는 세계를 개조했다

'젊음의 망상' 이라 부르는 건 구매력 현상이다.

"이들 세대는 트뤼플('버섯의 여왕' 이라 불리는 트뤼플은 화이트와 블랙 두 종류가 있는데, 블랙 트뤼플은 프랑스 페리고 산이 유명하며 화이트 트뤼플은 이탈리아 피에몬테 산이 유명하다. 트뤼플은 인공 재배가 불가능할 뿐만 아니라 땅 속에 숨어서 자라기 때문에 돼지 또는 훈련한 개를 이용해 캐내야 하므로 값이 비쌀 수밖에 없다—역주)을 찾는 돼지처럼 사회 속으로 파고든다. 그리고 늙어가는 하루하루만큼 역사를 바꾼다."

인류학자 헬렌 피셔(Helen Fischer)의 말이다.

베이비붐 세대는 아동기와 청년기라는 개념의 의미를 완전히 바꾸어놓았다. 그들의 엄청난 숫자를 통해 세계를 뒤바꾸어놓은 것이다. 그들의 숫자가 유사 이래 단 한 번도 젊은이들의 손에 들어가본 적 없었던 구매력을 창출했기 때문이다.

켄 디치왈드(Ken Dichtwald)는 전형적인 이 세대의 일원이다. 20년 전부터 그는 자신의 때가 오기를 기다려왔다. 그는 1950년대 미국에서 태어나 자랐고, 1970년대 초반 캘리포니아에서 대학을 다녔으며, 요가와 동아시아 문화가 서구 정신에 미치는 영향력에 관심을 가졌다. 대학 도시들과 대도시를 순식간에 뒤흔들어놓았던 팝과 정치, 싯다르타의 전형적 혼합은 확신이 아니라 순수한 대중의 힘이었다는 사실을 그는 누구보다도 빨리 간파했다. 그리고 이 거대한 세대의 온갖 위기는 곧 국가 전체의 혼란으로 이어질 것이라는 사실을 예상했다. 그래서 1980년대 중반 자신의 두려움을 사업 모델로 발전시키기 시작했다. 그는 1980년대 초 미국 의회에서 일하면서 자신이 어떤 깨달음에 이르게 되었는지 당시를 회상하며 이렇게 말했다.

"다음 번의 노인 그룹은 내 조부모 세대도, 내 부모 세대도 아닐 것이라는 사실을 자각하자 가슴이 답답해졌다. 내일의 노인들은 베이비붐 세대다. 바로 내 세대인 것이다."[42]

디치왈드는 현재 아내와 함께 유명한 노인 문제의 제국을 건설했고, 스스로를 뛰어다니는 호랑이에 비유한다. 베이비붐 세대, 즉 1940년대 말에서 1960년대 중반에 태어난 세대는 세상을 전쟁이 아닌 그들의 존재로 변화시켰다. 여기 디치왈드의 현상학이 있다.

- 베이비붐 세대는 음식을 먹기만 한 게 아니라 스낵과 레스토랑, 슈퍼마켓 산업을 변혁시켰다.
- 베이비붐 세대는 옷을 입기만 한 게 아니라 패션 산업을 변

화시켰다.

- 베이비붐 세대는 자동차를 사기만 한 게 아니라 자동차 산업을 바꾸어놓았다.
- 베이비붐 세대는 랑데부만 한 게 아니라 성의 역할 이미지와 성 행위를 바꾸어놓았다.
- 베이비붐 세대는 일만 한 게 아니라 일자리를 혁명적으로 뒤집어놓았다.
- 베이비붐 세대는 결혼만 한 게 아니라 인간관계와 그 제도의 본질을 바꾸어놓았다.
- 베이비붐 세대는 돈을 빌리기만 한 게 아니라 금융 시장을 바꾸어놓았다.
- 베이비붐 세대는 컴퓨터를 이용하기만 한 게 아니라 기술을 바꾸어놓았다.

우리는 지금이라도 온 지구를 뒤바꾸어놓았고, 자기들 생김새대로 만들어버린 이 사람들이 2010년부터 정년 퇴직을 한다는 사실을 명심해야 한다. 퇴직의 과정은 최소 2029년까지는 계속될 것이다. 그런 다음에야 드디어 출산율이 가장 높았던 연도에 태어난 1964년생들의 정년이 시작된다.

이들의 정년은 모든 것을 뒤죽박죽으로 만들어버릴 것이다. '틴에이저'라는 개념을 탄생시켰던 바로 그 세대가 우드스탁 이후 처음으로 다시 집단적 세대 경험을 하게 되는 것이다. 독일의 경우 미국보다 숫자도 적고, 또 1960년에서 1964년까지 태어난 세대에만 해당되는 사실이다. 그래도 고령화되고 있는 독일이 1950~1960년대의 문화적 경험을 반복하게 되리라는 사실에는 변함이 없다. 늙어가고 있으며 죽어가고 있는 미국의 베이비붐 세대는 이번에도 새로운 문화를 탄생시켜 우리의 마음을 사로잡을 것이다.

미국은 엄청난 규모의 대지진에 대비하고 있다. 사회의 고령화 쇼크에 대비하는 수많은 기관과 조직과 로비스트들과 영화와 웹사이트들이 있다. 물론 아직 이들이 활동을 시작한 건 아니다. 1946년에 태어난 사람들의 대다수가 아직 일을 하고 있기 때문이다. 하지만 적어도 지구에 살고 있는 이들의 절반은 이미 투덜거리고 머뭇거리면서 호기심에 찬 눈으로 미래의 자신을, 노화의 수정구슬을 들여다보기 시작한 것 같다.

《뉴욕 타임스》는 《메리암 웹스터(Merriam Webster)》의 11판을 읽고서 믿을 수 없을 만큼 놀랐다. 사전은 다 알다시피 사회 변화의 정확한 소식통이다. 사전은 우리 사고의 물질적 자원과 같은 것이기 때문이다.

이 미국의 대표 사전에 지난 4년 동안 1만 개의 새로운 항목이 기입되었다는 사실이 놀랍다는 게 아니다. 처음으로 건강이나 의학 관련 용어들이 기술 및 컴퓨터공학 분야의 용어를 추월했다는 사실이 놀라운 것이다. 더구나 의학 용어의 40퍼센트는 노화와 관련된 것이었다.

《뉴욕 타임스》와의 인터뷰에서 웹스터의 사장은 이런 '변화'와 관련해 아주 의미 있는 설명을 했다. 베이비붐 세대가 자신의 노화는 물론, 자기 부모의 노화에도 관심을 가지기 시작했다는 것이다.

"베이비붐 세대는 살아오는 동안 모든 것을 바꾸어놓았다. 그들은 이제 그 변화의 마지막인 그들의 노화를 겪고 있다. 사사건건 말썽을 부리며 참아주기 힘들었던 틴에이저 젊은이들이 이제 노인이 되어가고 있는 것이다. 그들은 적어도 그들의 부모에 상응하는 수준의 건강복지와 관심을 요구한다. 부모가 훨씬 적은 그룹이었는데도 말이다. 베이비붐 세대는 우리 사회에 건강복지에 관심을 가지라고 강요할 것이다. 우리가 원하건 원하지 않건 노인학에 관심을 가지라고 강요할 것이다."[43]

그들은 특히 어쩔 수 없이 자기 자신에게 관심을 가질 수밖에 없을 것이다. 그들이 협력해 만든 노인의 어두운 이미지들이 이제 그들 자신에게 타격을 입히고 있기 때문이다. 미국은 이런 대지진의 첫 번째 징후를 파악하자마자 정확한 원인을 규명하기 위해 노력하고 있다. 그런데 비교도 안 될 정도로 더 위태로운 유럽은 완전 무방비 상태다. 모든 요건이 척척 맞아떨어지고 있는데도 말이다. 그 요건이란 다음과 같다.

- 출산율 저하
- 늙어가는 베이비붐 세대의 '젊음의 망상'
- 평균 수명 연장

물론 우리의 젊음 숭배가 현실과 전혀 일치하지 않는다는 사실은 우리도 이미 오래전에 깨달았다. 영혼은 장기간 속일 수 없는 법이다. 아무리 세상 물정 모르는 40대도 언젠가는 자신이 이제 더 이상 젊지 않다는 사실을 깨닫게 될 것이다. 서구 문화가 선택한 탈출구는 언론과 사회 역할, 여론의 소아화다. 아이들의 수가 점점 줄어들고 있는 나라에서 몇 년 동안 《해리 포터(Harry Potter)》 같은 청소년 도서가 베스트셀러로 대성공을 거두고 있는 현실은, 그 책의 독자층이 누구인지 모두가 짐작할 수 있게 해준다. 음료와 식료품, 자동차, 영화, 텔레비전 등의 리바이벌 열풍도 같은 맥락이다. 그것들 전부가 말하자면 다른 역사적 경험을 해본 적 없는 한 세대의 추억인 것이다.

광고 매니저와 영화 산업은 변화된 상황을 아직 파악하지 못한 것 같다. 하지만 미래의 노인들이 그들의 사회적 역할을 어떻게 삶으로 보여줄 것인가—그보다 더 중요한 것이 차세대 젊은이들이 엄청난 사회 변혁 과정에 어떻게 참여할 것인가—는 광고와 영화 산업에 달려 있다.

젊은 사람들은 문화를 통해 사회화되고, 세대로서 규정된다. 늙은 사람들은 인생의 의미를 대부분 문화에서 길어낸다. 독일 음악 방송 비바(VIVA)의 사장 디터 고르니(Dieter Gorny)는 사회 내부에 '블랙홀'이 탄생하고 있다고 말한다. 1990년대만 해도 젊은, 아니 어린 구매자들이 팝 스타들의 성공을 도와주었지만, 이젠 그 연령의 범위가 점차 확대되고 있다. 노인 그룹과 함께 늙어가지 못하는 사람들에겐 기회가 오지 않을 것이다. 차세대 집단은 너무 적다. 그들의 구매력은 노인들의 구매력과 도무지 경쟁이 되지 않는다.

노인들이 희귀한 존재였던 과거의 사회는 땅을 경작하고 후손을 교육시키기 위해 그들의 지혜와 경험을 이용했다. 우리가 이런 힘을 우리 자신에게서도 발견하게 될 때, 고령화 사회의 자기 증오와 거부감, 두려움에 맞서 부정이나 모정 같은 다른 감정을 내세울 때, 비로소 우리는 후손들과 교류를 유지하며 그들에게 자식을 낳으라고 격려할 수 있는 미래를 그릴 수 있을 것이다.

젊음과 아름다움과 번식

현재 젊음과 아름다움, 성의 강제 시스템은 인류의 새로운 다수에게 위협이 되고 있다.
이미 우리는 깨어졌다.

Das Methusalem-Komplott

쪽수와 돈, 그것만 있으면 다 된다고 생각하는 사람들—솔직히 나는 그들의 그런 낙관론이 별로 부럽지 않다—이 있다. 앞으로 우리는 다수가 될 것이며, 나아가 사회를 우리 뜻대로 개조할 수 있을 정도의 구매력을 갖추게 될 것이다. 우리의 형들이나 젊은 부모들이 카너비 스트리트(Carnaby-Street, 영국 런던의 패션 거리)에서 해냈던 일을 30년 후에 태어난 우리라고 못하란 법이 있는가.

미국의 베이비붐 세대들이 늙어가고 있다. 그런데도 출산율은 정지 상태다. 유럽인들도 늙어가고 있다. 하지만 출산율은 좀처럼 올라갈 줄을 모른다. 때문에 유럽의 온 나라가 늙어가고 있다. 하지만 미국에선 시장만 늙고 있다. 살아오면서 난생 처음 삶이 장

난이 아니라 치명적인 사실이라는 경험을 하기 위해 굳이 2020년까지 기다릴 필요는 없다. 그때까지 기다리다간 때가 너무 늦어버릴 것이다.

구매력을 갖춘 젊은 세대는 구매력을 갖춘 노인들과는 본질적으로 다른 존재다. 젊은이들은 대비하고 개발한다. 젊은 사람들에겐 자연이 매일 하나씩 프리미엄을 선사한다. 개인별로 주는 게 아니라 모두에게 나눠준다. 그리고 그 프리미엄이란 다름 아닌 힘과 기술 혁신, 번식의 욕망이다. 반면 노인들은 비축품과 적립금을 소비한다. 자연마저 노인들에게선 자꾸만 빼앗아간다. 뒤에서 살펴보겠지만 45세만 되면 벌써 빼앗아가기 시작한다. 이는 경제적으로 볼 때 프랑코 모딜리아니(Franco Modigliani)의 '인생 주기—가설'과 딱 맞아떨어진다. 직장 생활을 하는 동안 열심히 저축하지만 그 후 뜻대로 할 수 있는 수입의 대부분을 소비하게 된다는 내용의 가설이다.

생물학과 경제학이 늙어가는 사람들에게서 그들이 절약해 모은 것들을 빼앗아가고 있는 그곳에서 문화라고 가만 있을 수는 없다. 문화는 노인이 인간종의 변종이라도 되는 듯한 이미지를 생산해낸다. 예를 들어 노인들은 고집불통이고 보수적이며 이기적이고 염세적이다는 식의 이미지들이다. 우리 문화는 우리 각 개인이 나이를 먹으면 완전히 딴 사람이 된다는 착각을 유발시킨다. 다시 말해 늙어가면서 자연이 미처 우리한테서 빼앗아가지 못한 비축품을 우리 사회가 체계적으로 빼앗아가는 것이다.

잡지에서도 텔레비전에서도, 어디를 쳐다봐도 우리는 우리 것이 아니며, 결코 우리 것이 되지 않을 존재의 모델을 보고 있다. 광고에 등장하는 새파랗게 젊은 남녀는 인구 통계학적으로만 보아도 우리의 모델이 아니다. 아름다움과 젊음의 이런 이상은 젊은 시절부터 우리에게 죄책감과 불행을 안겨준다. 그것은 우리가 자초한 불행이며, 전 세대의 마음속에 사랑받지 못한다는 형벌을 받고 있다는 느낌을 일깨운다.

먼 미래의 고고학자들이 우리 시대의 영화나 텔레비전, 언론의 문서실을 들여다본다면, 예상과 달리 입상이나 항아리는 간 곳 없고 젊고 아름다운 여자들과 젊고 잘생긴 남자들의 사진밖에는 찾아내지 못할 것이다.

그런데 미래의 학자들은 우리의 뼈도 연구해볼 것이고, 그 과정에서 우리의 신체 구조가 문서실에서 보던 사진들의 뼈와는 많이 다르다는 사실을 확인하게 될 것이다. 또한 우리가 우리 전 세대보다 훨씬 나이가 많다는 사실도 알게 될 것이며, 20세기 말부터 급격하게 출산율이 떨어졌다는 사실도 알게 될 것이다. 그들이 조사하게 될 인간들은 날이 갈수록 점점 더 아이를 낳지 않았을 테니 말이다. 패션 산업과 바디(Body) 산업의 사진들에선 매력적인 남녀를 발견하고, 그와 동시에 우리가 거의 아이를 낳지 않았다는 사실을 확인한 순간, 미래의 학자들은 멸종해가던 서구인들이 21세기 초에 와서 다산 숭배 의식을 시작했다는 결론을 내릴 수밖에 없을 것이다. 텔레비전, 영화, 광고를 불문하고 스타들이 모두 앞장서 출산 장려에 앞장섰노라고 말이다.

실제 우리의 문화는 지난 몇 십 년 동안 두 가지 생물학적 기본 욕구에 의해 영향을 받았다. 첫째, 화장품이나 운동, 의학, 식생활 등을 통해 노화를 지연시키거나 은폐시키려 했다. 둘째, 현대 의학은 임신을 겁내지 않고도 마음껏 성 생활을 즐길 수 있도록 허락했다. 화장품 업계와 라이프 스타일 관련 업계, 제약 업계와 의료계가 지난 세기 동안 종교·철학·정치이 세계상과 당당하게 경쟁할 수 있는 세계상을 구상해 관철시켰던 것이다.

하지만 현재 젊음과 아름다움, 성의 강제 시스템은 인류의 새로운 다수에게 위협이 되고 있다. 이미 유리는 깨어졌다. 얼마 지나지 않아 우리는 깨진 거울 앞에 서서 자기 모습을 볼 수 없는 사람들처럼 이 깨진 세계상의 파편을 앞에 두고 망연자실 서 있을 것이다.

우리는 알고 있다. 30대만 되어도 노화는 그림자를 던진다는 사실을. 그리고 40대가 되면 이미 많은 수가 우울과 슬픔의 감정을 느낀다는 사실을.

사람들 눈에 안 띄도록 칙칙한 옷을 입고 다니는 노인들을 두고 오스트리아의 동물 심리학자 콘라트 로렌츠(Konrad Lorenz)는 '익명의 떼거리' 라고 부른다.

"방어 능력이 없는 동물들이 떼를 지어 바짝 붙어다니는 건 맹수들의 약점 때문이다. 초식 동물들을 쫓는 맹수는 대다수가, 아니 어쩌면 모두가 똑같이 생긴 많은 수의 동물들이 동시에 우르르 몰려다니면 하나의 목표에 집중을 할 수가 없다."[44]

노인들도 젊음이라는 특이한 맹수에게 쫓기고 있는 느낌이다.

일찍부터 시작되는 이런 허약함과 허무의 감정은 어쩌면 30대나 40대만 되어도 벌써 노인 취급하는 시대의 진화론적 유산인지도 모른다. 실제 우리 안의 생물학적 프로그램은 이미 멎어버렸어도 우리는 살아 있고, 아직 젊다. 물론 이것은 개인적 상황이지만 고령화 사회에도 적용될 수 있는 사실이다. 고령화 사회는 아직 제 기능을 다하고 있다. 비록 그 속은 알람—여러 세대의 잠을 깨우는 고함 소리—이 울릴 시간을 미리 정해놓은 시계 속 같지만 말이다.

왜 우리는 노화를 수치스럽게 생각할까

노화를 활짝 팔 벌려 환영하는 게 나을까, 아니면 보톡스까지 동원하여 저항하는 게 나을까?

음지를 가리고 있던 커튼을 약간 걷어보자. 우리 이력서의 '황무지'를, 머리에서 몰아내버리고 싶은 그 황량한 땅을 가리고 있던 커튼을 걷어보자. 그곳, 정상도 계곡도 없는 이 끝없는 평지에서, 재와 안개 사이에 서 있는 사람은 우리 자신이다. 우리가 언젠가는 될 그 사람이다.

우리는 30대, 40대, 50대이거나 그보다 더 먹었다. 30대만 되어도 노화는 남녀를 불문하고 우리를 낚아채버린다. 우리는 전혀 노화를 느끼지 못한다. 그런데도 눈에는 노화가 보인다. 우리는 경찰이 증거를 확보하듯 배신의 증거들을 찾아다닌다. 그 증거들로부터 우리가 증인이 아닌 사실을 재구성한다. 그 사실은 바로 늙어가는 것이다.

거울에 비친 우리의 모습과 우리의 느낌 사이, 그 감정의 낙차는 앞으로 30~40년 안에 우리를 이 벼랑 끝에서 저 벼랑 끝으로 몰아댈 것이다. 그건 우리의 의식은 시공간이 없지만 우리의 육체는 시간에 묶여 있기 때문이며, 남은 여생을 셈하는 수단이 될 연금보험의 수학은 인정머리라고는 조금도 없기 때문이다. 서른, 마흔, 쉰, 예순, 그 새로운 전환점마다 우리는 지나간 세월을 두려움과 근심 때문에 즐기지도 못하고 지쳐버린 자신을 저주할 것이다.

그것은 노화를 공적인 의례 행사로 느끼기 때문이며, 무지몽매해 노인을 바라보는 일반의 시선이 좋지 않기 때문이다. 텔레비전, 영화, 광고를 불문하고 노인들이 종적을 감춰버렸기 때문에 개인의 노화는 더욱 눈에 띄는 현상이 된다. 노화의 과정이 미적·신체적 위반 행위일 뿐 아니라, 만지기만 해도 옮는 일종의 전염병 같은 비정상으로 느껴진다.

작가 막스 프리쉬(Max Frisch)는 일기에서 이런 고백을 한 적이 있다.

"우리 사회에서는 노화를 터부시하기 때문에 내적 체험으로 언어화되지 못한다. 하지만 신체적 증거들은 모조리 공개적으로 드러나기 때문에, 우리는 무엇보다 신체적 증거들을 두려워하는 경향이 있다. 신체적 증거란 가장 잘 알려진 노화의 현상들로, 이빨

이 빠지고 머리가 벗겨지고 눈 밑에 잔주름이 생기고 골절이 발생하는 등 터부에도 불구하고 주변 사람들이 다 볼 수 있는 것들이다."

자연은 계산을 한다. 우리도 계산을 한다. 사방에서 인간 생명에 투자되는 사회적 비용이 얼마나 되는지, 다시 말해 어떤 의료 행위가 값어치가 있는지 계산을 하고 있다.

오로지 그 때문에 노인들은 이상한 수치심을 느낀다. 통장의 잔고가 바닥나거나 도박으로 돈을 몽땅 날렸을 때 느끼는 바로 그런 수치심이다. 물론 자연의 '메시지'는 없다. 자연은 말하지 않는다. "퇴물들을 없애버려라!" 자연이 그렇게 말한다고 어디서도 읽은 바 없다. 하지만 우리는 읽을 수 있다. 아주 엄격하지만 단기적 이윤에만 집중하는 농장 경영주의 장부를 읽듯, 진화생물학자 리처드 도킨스(Richard Dawkins)가 밝혀낸 사실처럼.

자연은 자본의 증식, 다시 말해 유전질의 증식 이외에는 아무것도 염두에 두지 않는다. 그렇더라도 자식을 낳자마자 부모를 죽여버리는 건 의미가 없다. 그렇게 되면 자식의 생존 가능성이 거의 없기 때문이다. 따라서 자연은 인간에게 자식을 기를 수 있는 충분한 시간을 준다. 그러다 자식을 다 키우고 50세, 60세가 되면 생물학적 노화의 과정이 비약적으로 시작된다.

우리의 뇌도 자연의 일부이기 때문에, 우리는 우리 종의 생존 규칙을 우리의 종들이 이해할 수 있는 방식으로 표현한다. 우리의 이야기들은 침팬지 새끼가 엄마에게 받는 끝없는 수업 같은 역할을 한다. 사랑하는 할아버지, 할머니를 알아보고 미소를 지을 수 있게 되자마자 아이들은 노인들이 어린아이들을 잡아먹는다는 내용의 동화를 듣게 된다.《헨젤과 그레텔(Hänsel und Gretel)》이 그렇고, 아이들을 다른 생명체로 바꿔버린다는 내용의《난쟁이 코(Zwerg Nase)》가 그렇다. 노인은 무서워해야 하고 피해야 하는 존재이며, 노인들을 상대로 죽음을 각오한 전투를 대비해야 한다.

아주 늦게서야―아쉽게도 정말 너무 늦어버린 후에야―노인들은 자신이 일생 동안 생물학적 강제, 즉 번식을 목적으로 하는 성적 매력의 뿌리 깊은 강제에 중독되었다는 사실을 깨닫는 것 같다. 자신의 외모에 대해 설명을 하는 노인들이 극소수에 불과하다는 연구 결과만 보아도 알 수 있는 사실이다. 그리고 그런 노인들의 설명은 "젊은 성인들에게 노인들을 판단하라고 부탁한 결과얻을 수 있었던 진술과는 정반대되는"[45] 내용이다. 우리 문화권의 사람들은 화장과 주름살 수술 사이를 오가며 몇 십 년을 보낸 후에야 비로소 얼굴의 테러와 작별을 고한다. 하지만 그 후에도 미적 · 생물학적 각인은 여전히 대단한 힘을 발휘하기 때문에 노인들마저 다른 노인들에 대해 젊은 사람들처럼 말하고 생각한다.

당신은 이렇게 물을지 모르겠다. 그래서 지금 — 미국에서는 이미 등장한 — 화장도 변장도 하지 않는 일종의 자연주의를 선전하겠다는 거냐? 뭘 선전하자는 게 아니다. 선전을 없애버리자는 것이다. 젊은이의 이데올로기에 맞선 노인들의 '므두셀라 공모'는 단 한 가지 결과밖에 얻을 것이 없다. 자유의 가능성을 마련하고 자결에 따른 선택의 여지를 열어주자는 것이다. 노년의 인간에게서 순식간에 자유를 앗아가버리는 그런 사회에서 말이다.

노인이 다수가 되었다고 모든 것이 바뀌지는 않을 것이다. 장식이나 칼, 문신이나 수술, 이식으로 몸에 손을 댄 사람들을 하루라도 매체에서 마주치지 않는 날이 없다. 하지만 개인이 자기 몸뚱이로 무슨 짓을 하건 그건 우리 관심사가 아니다. 사회가 우리의 신체로 무엇을 만드느냐가 우리의 관심사다. 늙어가는 우리의 신체에 아주 고통스럽게 기호나 자국을 새겨넣는 건 우리가 아니라 다른 사람들이기 때문이다. 그들을 볼 수는 없어도 느낄 수는 있다. 어쩌다 노인들이 텔레비전에 출연할라치면 전부가 병원에 입원한 환자이거나 아니면 의약품이나 치아 접촉 연고, 방광염에 좋은 차(茶)의 소비자로만 등장한다. 우리 사회처럼 다른 전통이 모조리 허물어져버려 매체가 제시하는 역할 모델에 날이 갈수록 의존하는 사회는 프랑켄슈타인이 자기 괴물을 조립하듯 노인의 신체를 짜맞추어서는 결국 공동체 밖으로 추방해버린다.

따라서 당신은 화장이나 수술을 하지 않고 늙을 것이라 결심할 수도 있고, 화장이나 변장을 하고 젊게 꾸밀 수도 있다. 주름 없는 얼굴의 테러에 쫓겨다닐 수도 있고, 테러에서 해방될 수도 있다. 중요한 건 어떤 태도도 자연스럽거나 부자연스럽지 않고, 신빙성이 있거나 없지 않다는 사실이다. 그런데도 우리의 집단 영혼은 바로 이런 말들을 우리 귀에 속삭인다. 그렇게 하는 이유는 단 하나, 그것도 석기시대의 이유다.

자연은 오로지 번식의 성공에만 관심이 있다. 외모나 신체 문제에서 자연만큼 성공에 집착하는 것도 없을 것이다. 실제보다 젊게 보이려 애쓰는 사람들과 자신의 번식 능력을 부풀려 주변을 속이는 사람들은 엄청난 위험 요인이다. 그들로 인해 자동적으로 젊은 남녀의 번식 성공률이 떨어지기 때문이다. 우리가 젊게 만든 외모에 대해 도덕적으로 비난하는 것도 바로 이런 이유 때문이다. 그런데도 아이러니하게 화장품 기업들마저 인간의 외모와 관련해 '사기'니 '진품'이니, '진실'이니 '신빙성'이니 하는 개념들을 사용하고 있다. 한쪽에서는 젊음을 상품으로 팔아먹으면서, 또 한쪽에서는 이 상품을 이용하는 사람들을 비난하는 데 쏟아붓는 사회의 에너지는 실로 막대하다. 늙어가면서 젊은 사람처럼 화장하고 옷 입고, 성형 수술을 하는 여성들과 똑같은 짓을 하는 더 늙은 남자들, 젊은 사람들도 힘들다는 스포츠를 열심히 따라하는 늙은 남녀들은 모두가 우리 사회에선 가벼운 조소의 대상이거나 사회적 검열의 대상이다. 믿을 수 없는 행동으로, 심지어 사기와 기만으로 취급당한다. 그리고 이런 사회적 판단은 문명화의 수준과는 아무 관련이 없다. 동물의 왕국에서 나온 판단이며, 더 이상 재생산할 수 없는 사람들이 아직도 재생산할 수 있는 것처럼 행동해서는 안 된다는 의미 이상이 아니다.

토마스 만(Thomas Mann)의 소설 《베니스에서의 죽음(Der Tod in Venedig)》에서는 쾌활하고 잘생긴 젊은이가 노년의 주인공 구스타프 아쉔바흐의 관심을 깨운다. 하지만 조금 더 자세히 살펴본 주인공은 "일종의 경악을 느끼며 그 젊은이가 가짜라는 사실을 깨달았다. 그는 늙었다. 의심의 여지가 없었다. 눈과 입 주변으로 주름살이 둘러 있었다. 뺨의 희미한 선홍색은 화장이었고, 알록달록 밀짚모자 밑의 갈색 머리는 가발이었고, 목은 꺼져 있고……. 양쪽 검지에 인장이 붙은 반지를 낀 손은 노인의 손"이었다. 문명화된 신사의 마음속에서 당장 동물의 왕국이 등장해 말을 한다. 그는 위조된 젊은이를 공동체에서 몰아내고자 한다.

"끔찍한 기분으로 그는 그와 친구들의 무리를 쳐다보았다. 그들은 그가 늙은이라는 걸, 그가 멋쟁이처럼 알록달록한 옷을 입고, 그들과 같은 패거리인 척한다는 사실을 모르는 걸까? 눈치 채지 못한 걸까?"

노인은 익명의 떼거리가 되거나 잡아먹혀야 한다는 도덕적 명령은 여기서 숭고한 문학으로 승화되었다.[46] 화장을 하는 자는 거짓을 말하는 자다. 하지만 화장을 하지 않는 자도 마찬가지로 거짓을 말한다. 매일 죽음의 얼굴을 마주하는 사회, 전쟁의 위험이 도사리고 있거나 전염병으로 혼돈에 빠진 사회에서 자신의 유한성에 대한 느낌은 피부 그 자체를 가장이라 생각할 만큼 큰 것이다. 위대한 중세 연구가 요한 후이징가(Johan Huizinga)가 옛 필사본에서 이런 글을 발견해 인용했다.

"신체의 아름다움은 오로지 피부에 달려 있다. 피부 밑에 무엇이 있는지 본다면 구역질을 할 것이기 때문이다……. 가래나 쓰레기에 손가락 끝도 대보지 않은 우리가 어떻게 쓰레기 자루를 끌어안고 싶을 수가 있겠는가?"[47]

오하이오의 노화 연구에 참석한 베카 레비(Becca Levy)는, 자신의 신체에 대한 이런 분열된 태도가 노화 과정 자체에 직접적인 영향을 미친다고 주장한다. 노화를 부인할, 적어도 사회가 주입한 우울한 노화의 비전을 부정할 준비가 되어 있는 사람들이 더 오래 산다는 것이다.

"베이비붐 세대가 이런 노화의 부정을 어떻게 대할지 지켜보는 건 흥미로운 일이다. 노화를 활짝 팔 벌려 환영하는 게 나을까, 아니면 보톡스까지 동원하여 저항하는 게 나을까? 우리는 이 연관 관계를 아직 완전히 이해하지 못했다."[48]

빚을 너무 많이 진 육체

노인들은 죽은 듯 가만히 있어야 한다는 규범의 외벽이 온통 균열투성이다.

"므두셀라는 187세에 라멕을 낳았고, 그 후 782년을 더 살면서 아들 딸들을 낳다가 969세가 되어 세상을 떠났다."

고대 그리스 신화에 나오는 늙은 티토노스와 달리 성경에 등장하는 최고령자는 허약하거나 쇠약하지 않다. 다산 능력은 물론이고 몸도 강건하다. 그 때문에 힘센 므두셀라는 우리 미래가 모방하고픈 인물이다.

'비아그라' 같은 의약품 제조사들 덕분에 고령화 사회의 최전선에서는 제2의 성교육이 진행 중이다. 피임약에 대한 고령화 사회의 응답이다.

20세기 초에 꾸었던 이탈로 스베보(Italo Svevo)의 꿈 — 늙은 남자가 젊은 처녀로 인해 젊어지는 꿈 — 은 100년이 지난 지금 약리학의 대중 현상이 되고 있다. 사회의 하부 구조에서 엄청난 소요를 불러일으킬 사건이다.

  100년의 간격을 두고 작가의 생물학적 코드 — 번식을 하는 자는 죽지 않는다 — 는 사회로 전이되고 있다. 젊은 여성 전차 기관사와 돈을 주고 성관계를 맺는 스베보의 늙은 주인공은 제법 추상적인 세대 계약 이론을 제시한다.

  "늙은 신사는 이 세상 젊음에는 젊음을 더 아름답게 만들 수 있는 무언가가 빠져 있다는 사실을 발견했다. 그것은 바로 젊음을 사랑하고 지원하는 건강한 늙은이다."

  이 혁명이 오늘날 스베보의 후손들에게 의미하는 바는 필립 로스(Philip Roth)의 소설 《인간의 오점》에 잘 나타나 있다. 소설의 주인공은 이런 말을 한다.

  "나는 71세의 남자다. 34세의 애인이 있기에 매사추세츠 교구에서 누군가를 가르칠 입장이 못 된다. 나는 비아그라를 먹는다. 그것은 잔인한 미녀(La Belle Dame sans Merci)다. 이 모든 행복, 이 모든 혼란은 오로지 비아그라 덕분이다. 비아그라가 없었더라면 이 모든 일이 일어나지 않았을 것이다. 비아그라가 없었더라면 나는 내 나이에 맞는 세계상과 지금과는 전혀 다른 목표를 추구했을 것이다. 비아그라가 없었더라면 나는 어떤 욕구도 느끼지 못하는, 올바르게 처신하는 노신사의 품격을 갖추었을 것이다. 이런 어리석은 짓들을 저지르지 않았을 것이다. 서투르고, 허둥대고, 생각 없는, 모든 관련자들에게 재앙이 될지 모를 일들을 저지르지 않았을 것이다. 비아그라가 없었더라면 생의 마지막은 감각적 향락을 오래전에 포기해버린, 명예롭게 퇴직한 경험 많은 남자의 넓고 냉정한 시각을 유지할 수 있었을 것이다. 심오하고 철학적인 결론을 이끌어낼 수 있었을 것이며, 성적 도취와 그로 인한 계속적인 비상 사태에 빠지는 대신, 젊은 세대에게 버팀목이 되어줄 도덕적 영향력을 계속 끼칠 수 있었을 것이다."

《뉴욕 타임스》의 어머니날 특별판이 "67세 생일을 앞두고 실컷 섹스를 즐길" 남자를 구한다는 광고를 실었다는 이유로 제이 주스카(Jane Juska)라는 한 여성을 칭송하자, 여성의 제2의 성해방을 두고 논쟁이 불붙었다. 높은 교육 수준을 갖추고 영어 교사로 재직했던 한 여성이—브레히트의 표현을 빌리면—"품위 없는 노파"를 연출했던 것이다. 그 사이 그녀의 경험담을 담은 책은 베스트셀러가 되었다. 이 정도는 아마 앞으로 등장하게 될 온갖 사건의 별 탈 없는 변종일 듯하다.

하지만 우리 문화에게는 이런 사건의 의미가 그리 간단하지가 않다. 한편에서는 매력과 성욕과 임박한 죽음의 정의가 바뀔 것이며, 다른 한편에서는 가족과 결혼, 애정 관계, 파트너 관계가 20세기의 혁명을 종식시키게 될 것이다. 결혼, 파트너 관계, 그로부터 파생되는 인간관계의 가치가 극적으로 연장된 평균 수명과 더 이상 어울리지 않는다는 건 지금도 사회 넓은 계층에서 일반 상식이 되었다. 우리의 노인 차별만 생물학적으로 규정된 것이 아니다. 두 사람이 함께 살고, 자식을 낳고, 가족을 꾸리는 과정을 바라보는 우리의 관점 역시 태곳적 행동 프로그래밍에서 나온 것이다.

늘어난 평균 수명으로 인해, 수많은 여성들이 생물학적인 이유로 더 이상 아이를 낳을 수 없을 때까지 출산을 미룬다. 하지만 여성의 가임 기간은—남성과 달리—평균 수명이 늘어나도 뒤로 미뤄지는 게 아니라 오히려 앞당겨지고—물론 논란의 여지가 많은 주장이지만—있다. 예나 지금이나 임신 가능성은 40세를 기점으로 급격하게 줄어든다.

반면 남성의 생산 능력 약화는 눈에 띄게 감소하고 있다. 비아그라 같은 약품의 지원도 한몫한다. 이런 남녀의 충돌 현상은 지속적으로 우리의 삶을 변화시킬 수 있다. 두 번, 세 번, 다섯 번 결혼해 계속 아이를 낳는 남자들은 노년의 유전자 변화를 생각할 때

유전자 풀의 위험 요인이다. 우리의 후손들은 여러 번 결혼한 아버지는 물론, 피 한 방울 섞이지 않은 할아버지도 갖게 될 것이다.

베이비붐 세대는 살아오는 동안 사회적 관계를 모조리 혁신시켰다. 틴에이저 러브스토리에서 결혼, 파트너 관계, 부모의 신분에 이르기까지 모든 것을 바꾸어놓았다. 1960년대 런던에서, 1972년 파리에서, 샌프란시스코와 뉴욕에서 그들은 말 그대로 하룻밤 사이에 그 시대의 모든 도덕적 규범을 무너뜨린 주거 공동체와 생활 공동체를 창조했다. 그리고 이제 앞으로 30년 안에 그들은 인생 후반기의 사랑과 생활 형태를 혁신시킬 것이다.

한때 그들은 우리의 생물학적 유전자를 사회에 새겨넣었던 집단의 위계 질서에 저항했고, 지금 그들은 이 투쟁을 다시 한번 반복하려 한다. 이번엔 더 이상 번식할 수 없고, 아무짝에도 쓸모 없는 늙어버린 생명체의 죄의식과 열등감이 저항의 대상이다. 사회가 우리에게 가르쳐주는 것보다 더 젊다고 느낄 경우 우리를 범죄자로 몰아버리는 이 사회가.

다음 장에서는 우리에게 강요되고 있는 죄의식의 세 가지 종류를 살펴보고자 한다.

우선 경제적인 죄는 현실적인 죄다. 늙어가는 사람은 많은데 젊은 사람은 부족하기 때문에 생기게 될 부채와, 적자로 인해 파열될 연금 시스템이 주제가 될 것이다. 더불어 생물학적인 죄가 발생한다. 자연은 더 이상 자녀를 생산할 수 없는 생명체를 소멸시킨다. 비축품으로만 살아가는 생명체에게는 더 이상 투자를 하지 않는다. 신체의 부채 총액은 결국 인간이 죽을 만큼 큰 것이다. 마지막으로 앞의 두 가지 측면이 만나는 상징적인 죄가 있다. 우리의 생명이 돈만 잡아먹는다면, 우리가 너무 늙어 자연이 생명을 유지시켜주지 않는다면 사회가 인공 보장기와 수술로 우리를 유지시켜줄 것인가의 문제가 제기될 것이다. 바꾸어 말해 안락사의 문제, 죄의식에 떠밀려 선택한 자살의 문제, 생사의 비용은 이제 곧 전 대륙의 숨통을 조일 것이다.

사회의 고령화

고령화 사회는 인구 통계학이 예언한 것보다 훨씬 급진적인 영혼의 위기를 체험하게 될 것이며,
사회 자체를 급진화시키게 될 것이다.

Das Methusalem-Komplott

생물학적 노화가 있고, 사회적 노화가 있다. 자연이 문을 닫는
순간 사회도 문을 닫는다. 하지만 그걸로는 성에 차지 않기에 사
회는 인생 행로에 개입해 인간을 제 코스에서 쫓아낸다. 동물의
왕국에 빗대어보면 사회는 좀더 쉽게 노화된 인간을 추방하기 위
해 인간에게서 그룹 내 지위를 빼앗아버리는 것이다.

대초원의 동물들처럼 지위를 상실한 노인들은 지칠 때까지 쫓
겨다닌다. 정형화된 노인의 타입, 그리고 암시와 공격이 사방에서
노인들을 몰아댄다. 공격의 목표는 자의식이다. 인간이 주변에서
만들어놓은 자신의 캐리커처와 진짜 자신을 금방 혼동하게 된다
는 사실이 이런 사냥의 특징이다. 40대 말부터 직장에서 슬슬 눈
치가 보이기 시작하더니, 50대 초반에 들어서면서는 스스로도 퇴

직이 멀지 않았다고 믿어버린다.

젊음의 자화상을 위해서는—광고는 물론, 영화, 문학, 역사에 이르기까지—수많은 모델이 존재하지만, 일정한 시점에 이른 노인에겐 모범이 없다. 사방을 빙 둘러 특이한 빈 공간이 널려 있지만 감히 그것을 채워보려는 시도를 하지 못한다. 10년 전만 해도 유행하는 패션을 걸쳐도 보았지만, 노인이 되면 의상 선택의 목적은 대부분 맹수의 눈에 띄지 않도록 비슷하게 생긴 군중 속으로 들어가는 것이다.

50세에서 60세까지의 10년은 20세에서 30세까지의 10년과 비슷하게 생명의 시간과 인생 경험이 상상할 수 없을 정도로 낭비되는 기간이다. 예를 들어 간부급 지위에 있는 남성들의 경우, 그들에게 드리워진 의심의 그늘에 저항하기 위해 얼마나 많은 에너지를 투자하는지 모른다. 비록 대놓고 직접 말하지는 않지만 일을 맡기기엔 너무 허약하고, 너무 느리고, 너무 잘 잊어버린다고 다들 의심한다.

정상에 도달하지 못한 엘리트들이야말로 노인에 대한 고정관념에 가장 타격을 입는 계층이다. 60, 65, 70, 75세의 인간은 이제 더 이상 직장에서 지적인 능력 및 신체적인 능력을 발휘하지 못한다는 비방은 사회를 잠식하는 인종주의의 하나다.

그런 인종주의의 타격을 입은 당사자에겐 나이 하나 때문에 공동체에서 추방된다는 사실이 쇼크로 다가온다. 그 쇼크는 우리 모두를 위협한다. 언젠가는 우리의 자아가 하룻밤 사이에 뒤바뀌어 버릴지도 모른다는 위협 말이다. 그리고 그 뒤바뀐 새 자아는 괴물의 인상이다. 잘 잊어버리고 병약하며 허약하고 이기적이며 상상력이라고는 없고 따분하고 추하며 지친 모습에 게으르고 소비적이며 냉혈한에 사악하다. 모두가 오래전부터 노인들에게 드리워진 고정관념이다. 이런 편견은 한 번도 멈추지 않는 악순환으로 자체 검열과 행동, 열등감과 콤플렉스를 불러낸다. 거의 죽음으로 내몰린 대초원의 짐승이 덫 속으로 걸어 들어가는 순간 작동될 숨겨진 메커니즘이다.

우리는 뱀의 혀 흑은 노년의 우리를 어떻게 보고 있는가

이런 덫의 설계자를 나는 '뱀의 혀'라 부른다. 언젠가 뱀의 혀가 우리에게 도착했다. 그리고 덫을 사방에 깔아놓았다. 그것은 우리의 영화와 음악, 광고와 위트, 대화와 엽서를 중독시켰다. 속삭임으로 우리의 자의식을 노예로 만들고, 우리의 육체를 황폐화시켰다. 많은 내용을 담고 있지만 특히 노년에 관한 책으로도 읽을 수 있는 존 톨킨(John Tolkien)의 《반지의 제왕》에서도 황금

홀의 늙은 왕에게 약하고 어리석고 노쇠하다고 설득한 건 그리마, 뱀의 혀다. 자신도 노인인 간달프가 와서 옭아매고 있던 힘을 쳐부수고 모사꾼을 내쫓아버릴 때까지. "전부가 어두운 건 아니다. 용기를 내라. 용기보다 더 큰 도움은 없다. 가라, 무서워하던 시간은 지났다!" 그러자 위대한 왕 테오덴은 왕좌에서 일어나 홀 앞으로 걸어 나갔고, 끝없이 넓은 자기 나라의 평원을 바라보며 자유를 만끽한다. 늙은이에서 똑바로 선 강하고 현명한 남자가 탄생한 것이다.

지금 뱀의 혀는 우리의 목을 감고 있다. 잡지를 뒤적이다가도 우리는 그것의 속삭임을 듣는다. 전철에서도 의회에서도, 수영장에서도 갤러리에서도, 병원에서도 사무실에서도 그것이 속삭이고 있다. 그것의 지배는 우리의 굴종처럼 막강하다. 그것은 노인들에게 온전한 정신을 유지할 수 없을 정도로 허약하다고 말한다. 소비에 집착하고 젊음에 혼이 나가고 죽음을 두려워한다고, 한 마디로 악마같이 낭비하기만 하는 인간이라고 말한다. 그것은 인간의 수명을 무책임하게 대한다. 구멍 뚫린 이력에서 남은 것은 결혼식에 뿌려지는 꽃종이처럼 우리 머리 위로 쏟아져 내린다.

노인을 악마처럼 취급해 품위를 떨어뜨리는 이야기는 다른 수단을 이용한 톨킨의 작품에서 다뤄졌다. 신화와 날조, 거짓의 이야기. 노인들이 소수일 때는 이 이야기가 통한다. 산업 사회에서 노인에 대한 수많은 고정관념들이 받아들여질 수 있었던 이유는 단 하나다. 늘 보급품이 있었기 때문이다. 즉 자녀라는 성장하는 원료가 있었기 때문이다. 노인들이 수가 많아져 다수가 될 경우, 이런 유해한 프로그램은 시스템의 붕괴로 이어질 수밖에 없다.

뱀의 혀는 여러 세기를 거치면서 다양한 모습으로 변장해 등장했다. 그 중에서도 그것이 20세기의 해안에 떠올랐던 날은 정확한 날짜까지 언급할 수가 있다. 물론 이름은 뱀의 혀가 아니라 지금까지도 앵글로색슨 세계에서 가장 유명하고 영향력 많았던 의학자로 손꼽히는 윌리엄 오슬러(William Osler)다. 1905년 차가운 2월의 아침, 20세기 모든 성공 신화의 기본 전제 조건이 완성되었다. 이데올로기가 사이비 과학적 '진실'로 탈바꿈되었던 것이다.

그날 56세의 오슬러 교수는 볼티모어에서 연설을 했다. 의학사 사상 가장 큰 파장을 몰고왔었고, 자연과학의 지원을 받은 노인 차별의 특허증이나 다름없었던 연설이었다. 그는 우선 대학에 많은 젊은이들이 있다는 사실에 기쁨을 표했고, 너무 많은 노인들로 인해 정신적 정체 상태가 도래하게 될 세계를 경고했다. 그런 다음 60세가 되면 누구든 강제로 직업 전선 및 정치 세계에서 완전히 물러나게 하는 것이 사회를 위해 더 유익하다고 선언했다. 40세만 되어도 정신적 혁신을 도모하는 데에는 아무 짝에도 쓸모가 없다고 하면서 말이다.

"많은 사람들이 충격을 받을 것이다. 하지만 세계사를 올바로 읽는다면 세계사가 이런 주장을 입증해준다는 것을 알 수 있을 것이다. 정치, 학문, 예술, 문학 분야에서 인류가 이룩한 성과의 총계를 내본다면—비록 위대한 보물들을, 심지어 유일한 보물들을 포기해야 한다 할지라도 40세 이상이 만든 작품을 제외시킨다—오늘날 우리가 서 있는 바로 이 자리에 서 있을 것이다."[49]

오슬러는 "1970년대까지 계속된 노인 차별의 물결을 불러일으켰던" 촉매였다.[50]

실제 우리의 견해는 지금도 상당 부분 오슬러의 견해와 일치한다. 그것은 다른 사회 그룹에 대한 평가가 아니다. 주름살도 근심 걱정도 없는 젊은이들을 척도로 삼아, 그렇지 못한 인간을 무능하다고 비난하는 행위다. 오슬러의 연설이 있은 지 90년이 지난 후에도 달라진 건 별로 없다. 루이스 래펌(Lewis Lapham)과 로버트 풀포드(Robert Fulford)는 직업 중개의 연령에 따른 결정을 분석한 연구서를 출판했다.

"이 연구에서 40세가 넘은 사람들은 40세 이하의 사람들에 비해 두드러지게 나쁜 평가를 받았다. 연령과 점수의 반비례 관계는 후보자간의 교육 수준, 해당 직업 경력, 심지어 지적 능력 테스트 수치의 차이를 통계적으로 조종해도 여전히 존재했다."[51]

다른 연구에서는 경영학을 전공하는 대학생들에게 젊은 구직자와 나이 든 구직자를 판단해보라고 요구했다. 그 결과는 연령 이외의 다른 이유가 없다면, 나이 많은 구직자들에 대한 평가가 현저하게 나빴다.[52]

진실은 전혀 딴 모습이다. 나이가 많아서 직장 생활에서 능률이 떨어지는 경우는 극소수 연구의 결과일 뿐이다. 또 설사 능률이 떨어진다 해도 경험이 그 정도의 결함을 충분히 보상해줄 수가 있다.[53]

젊은 사람은 좀더 배워야 제 몫을 한다는 생각은 교육학적 선입견이다. 늙은 사람은 너무 많이 잊어버려 재교육을 시킬 수도, 더 이상 일을 맡겨서도 안 된다는 선입견은 인간의 존엄성을 향한 공격이다.

이런 사고 방식의 엄청난 폐해를 파악할 수 있으려면 먼저 익숙한 생각들을 벗어 던져야 한다. 사회적·지적 비방은 의학, 다시 말해 사이비 자연과학의 뒷받침을 받고 있다. 어떤 인간도 저항할 수 없는 진단이다.

소모되어가는 인간에 대한 객관적으로 보이는 의학적 진단, 지적 능력이 더 이상은 없을 것이라는 추측, 그리고 사회적 판단(노인들은 저승사자니까 직장에서 내쫓는다), 이 삼위일체는 가히 전체주의적이다. 외모와 생물학적 특성을 근거로 인간을 판단한 사례는 인류 역사상 단 한 번밖에 없었다. 19세기의 인종론을 사이비 과학으로 '정당화' 했던 경우였다.

그렇다고 해서 나이가 들어도 능률이 전혀 떨어지지 않는다거나 부정적인 노화 현상이 존재하지 않는다는 말은 아니다. 다만―적어도 80세까지는―능률 저하의 수준에 비해 제재의 정도가 너무 무겁다.

생후 40년 동안의 모든 결정은 테스트와 시험, 검증 가능한 능력을 기준으로 내리면서 그 이후의 결정은 편견과 직관, 통계학적인 평균 기대치를 따르고 있는 것이다.

이런 행위의 왜곡성은 오슬러의 연설을 들었던 청중들도 의식했다. 그 연설이 불러일으켰던 엄청난 분노는, 20세기 노화의 테러에 대항한 절망에 찬 마지막 저항으로 읽을 수 있다. 분노의 폭풍은 독자 편지를 보내는 차원에서 권력 있는 의원들에게 항의를 하는 수준까지 다양했고, 몇 주 동안 수많은 논문, 연설, 해설들이―거의 모두가 오슬러를 냉혈한이라고 비난했다― 발표되었

으며, 노인들도 창의적이며 일을 할 수 있다는 사실을 증명한 리스트가 떠돌았다.[54]

이런 논쟁들은 연령과 퇴직을 억지로 연관시키는 행위가 오슬러의 말처럼 사회적 자선 행위가 아니라 심한 차별 대우라는 사실을 입증한다. 물론 노인들이 직장과 사회에서 추방당한 건, 20세기 산업 사회의 기능적 인간에 대한 산업적 수요에 그 원인이 있었다. 산업 사회에선 제품뿐 아니라 인간도 생명의 사이클이 있다. 인간이 나이가 들어서도 기대와 달리 건강하고 컨디션이 좋을 경우엔 영혼 속에다 손상을 프로그래밍해 집어넣는다. 그 결과는 사회의 자화상에 엄청난 영향을 미친다.

영어로 퇴직을 의미하는 'to retire'는 19세기 초반만 해도 아직 '공적 관심으로부터 물러남'을 의미했다. 하지만 1980년이 지나면서부터 '더 이상 적극적 근무의 자질이 없다'는 뜻으로 해석되었다. 처음 '노쇠'는 '노화 현상'에 다름 아니었지만, 훗날에 와서 '노화로 인한 비정상'으로 해석되었다.[55]

한번 생겨난 이데올로기는 예민한 톱니바퀴와 공장의 컨베이어 벨트에 인간을 단순히 공급하는 수준을 넘어 끝없이 달려갔다. 자기 안에서 소위 '진짜' 의학적·자연과학적 진술을 사회적 정보와 결합했기에 그 이데올로기는 효율적이었다.

더러운 말

나이가 들면 은퇴하고 싶다. 사회의 요구가 신경에 거슬리고 끝없는 직장의 요구도 신경에 거슬린다. 그럼에도 매일 아침 자기 책상으로 가서 일을 자청하고 업무를 맡아 자신의 유용성을 입증하는 건 오로지 추방당하지 않기 위해서다. 사회도 그들의 은퇴를 기대한다. 나이가 들수록 어느 날 갑자기 죽어버릴 수 있는 확률이 커지고, 이는 생산에 손실을 입히고 직장의 평화를 깨뜨린다.

이런 관점은 1960년대 초에 나온 것으로 영향력 있는, 아주 치명적인 노화 이론을 구성한다. 이 '퇴각' 이론에서는 '뱀의 혀'의 속삭임이 사회와 개인의 짐을 덜어주고 게으름꾼들이 좋아한다는 장점이 있는 시스템으로 변한다. 지금까지 이 이론은 많은 인간들의 머릿속에서 그 조잡한 거짓의 존재를 이어오고 있다. 이 이론은 날로 시끄러워지고 있는 현대 사회에서 '퇴각'이 연령에 따라 전혀 다른 의미를 가질 수 있었던 시점에 탄생했고, 더구나 두 번의 세계대전을 포함해 세계의 현대화에 누구보다도 동참했던 한 세대와 관련이 있었다. 고립의 의지와 모든 것을 내팽개치고 싶은 욕망은 자의식을 강탈당한 결과일 뿐이라는 사실도 확인했기 때문이다.

노화 이론은 노화를 비정상으로, 소수의 경험으로 보는 젊은 사회의 관점에서 노화를 해석하기 때문에 우리에게 큰 의미가 없다. 녹슨 자동차가 왜 도로 교통에 도움이 안 되는지 설명해주는 이론에 우리가 무슨 관심이 있겠는가? 한시라도 빨리 기동성을 회복하는 일이 더 급한 시점에 말이다.

실제 모든 자료가 '퇴직'이라는 사회적 죽음 속으로 자청해 걸어 들어가는 사람들이 점점 줄어들고 있다는 사실을 말해주고 있다. 1905년생으로 퓰리처상을 수상했고, 노인 문제에도 전문가인 스탠리 쿠니츠(Stanley Kunitz)는 '퇴직'을 "더러운 말"이라 주장했다.

억압받는 자가 자신이 억압받고 있다는 사실을 깨닫기까지는 한참의 시간이 걸린다. 우리는 온전히 개인적인 우리의 노화를 가지고 누군가가 만들어놓은 선입견의 노예로 살고 있다. 노화의 힘 앞에서는 우리의 행동, 생각, 존재, 그 무엇도 아무런 역할을 하지 못한다. 살아온 삶의 가치는 주름살, 백발, 생년월일 같은 다른 정보를 통해 소실된다. 이런 체제에의 예속이 우리 사회를 완전히 파괴시킬 것이다. 뱀의 혀를 침묵시키지 못한다면, 그것은 우리를 가엾은 테오덴 왕처럼 원숭이로 만들어버릴 것이다.

인구 통계상 젊은 사회가 노인들의 자의식을 빼앗는 데 관심을 가질 수도 있다. 하지만 우리 사회의 경우 그 결과가 재앙 수준이다. 노년을 생각할 땐 정년은 잊어버려라. 그건 그저 우리 사회의 늙어가는 인간이 넘고 있는, 눈에 보이는 마지막 경계선, 완전히 무작위의 경계선일 뿐이다. 그 경계선이 노인이 사회적으로 눈에 보이는 마지막 순간이다. 그들의 등 뒤로 차단기가 떨어지고, 한동안 걸어가는 그들의 뒷모습을 눈으로 좇아보지만 그들은 점점 작아지다가 결국 끝없는 평원으로 사라지고 만다.

중국, 미국, 스페인, 독일, 벨기에, 우리 모두에게 앞으로 몇 십 년 간 문제가 될 것은 이 경계선으로 가는 길이다. 차단기를 향해 발을 내디딘 엄청난 수의 동갑내기들의 믿을 수 없는 행렬이다.

앞의 두 여성학자는 직장 세계의 노화를 주제로 삼은 그동안의 수많은 연구와 실험, 조사를 살펴본 후 정리해 이런 결론을 내린다.[56]

"모든 연구서를 살펴본 후 이런 결론을 내릴 수 있다. 직장에서 노화는 (특히 간부급에서) 아주 일찍 시작되며, 이 시점은 법적으로 정한 정년보다 거의 20년이나 빨랐다."

2003년 여름, BBC가 발표한 설문 조사 결과에 따르면 엘비스 프레슬리와 비틀즈의 세대뿐 아니라 35세의 '너바나' 세대 역시 스스로를 너무 늙었다고 느끼고 있었다.

"서른다섯 살이 되면 많은 직장인들이 적어도 출세 사다리의 몇 계단 정도는 올라왔고 상사로부터 인정받고 있다고 믿는다. 그리고 아직 최고의 시절이 남았다고 믿고 있다. 사실은 그 시절도 이미 끝난 후다. 그들은 사다리를 내려가고 있는 중이다."[57]

그런 사례들을 더 찾고 싶다면 인터넷을 들여다보면 된다. 노인 차별이 원인이 된 탄원과 진정과 병의 경과와 자살이 수없이 보도되고 있다. 그것도 강제 퇴직이 없는 나라에서 말이다. 고령화 사회는 인구 통계학이 예언한 것보다 훨씬 급진적인 영혼의 위기를 체험하게 될 것이며, 사회 자체를 급진화시키게 될 것이다. 통계학에서 말하는 노인은 65세부터다. 하지만 개인의 노화는 40세부터 시작된다. 미국 언론 기업들은 그저 하나의 증상에 불과하다. 숨어 있는 것, 무의식적으로 일어나는 일들을 눈에 보이게 만들 뿐이다. 외부의 경멸적 시선, 지나가는 투로 던지는 이상한 말들, 주변의 첫 경고 반응들은 여성의 경우 40세, 남성의 경우 늦어도 45세가 되면 시작된다. 이런 충격적인 경험은 젊음의 망상에 빠져 있고, 젊음을 값진 희귀 보석으로 취급하는 사회일수록 더욱 강도 높게 진행된다.

우리 사회의 완전히 광적인 구조가 가져올 가장 심각한 결과들은 다름 아닌 개인의 자기 인식에서 병적으로 드러난다.

사회학자 J. 로딘(Rodin)과 E. 랑거(Langer)의 연구는 노화에 대한 부정적 인식과 낙인이 실제로 부정적인 고정관념과 행동으로 이어진다는 사실을 입증했다. 즉 자의식과 통제력 상실, 창의력과 사고력 저하로 이어진다는 것이다.

노화 중인 신체의 세포가 점차 자신을 파괴하는 것처럼, 우리 자의식의 분자들도 돌이킬 수 없는 손상을 입는 것 같다. 유해활성산소(세포가 호흡을 통해 섭취한 산소로 영양물질을 연소시켜 에너지를 얻을 때 필연적으로 발생하는 불안정한 물질로, 유전자를 파괴시켜 암을 유발하거나 아직 죽지 않아도 될 정상 세포에 흠집을 내 세포 자살을 일으키도록 유도한다-역주) 때문이 아니라 제 자리를 마련하려는 사회의 급진성으로 인해서 말이다. 인간의 자아는 엄청난 영혼의 상처로 인해 압도당할 것이며, 노인의 지적인 특이함도 대다수가 바로 여기에 그 원인이 있다.

잊지 마라. 우리는 여기서 허구에 대해, 창작에 대해 이야기하고 있다. 자칭 계몽되었다는 유럽이 한때 '야만인'을 들먹이며 보여주었던 그 거만함과 전혀 구별되지 않는 비방에 대해 이야기한다. 나는 이것이 인간이 인간에게 표현할 수 있는 가장 뻔뻔스러운 오만이라고 생각한다. 그들은 어떤 검사에도 합격하지 못할 얼굴의 아름다움과 지능의 정도를 규정한다. 그들은 겉보기에만 진짜인 객관적 의학의 척도를 이용해 인간을 육체의 잔재로 정의하며, 정신적 건강에 대한 두려움을 일깨운다. 살아온 세월의 일부에만 해당되지만, 어쨌든 수십 년의 세월에 그림자를 던지는 그 두려움 말이다.

지난 몇 십 년 동안 노인의 업무 능력이 과연 더 나쁘고, 집중력이 떨어지며, 효율성이 낮고, 신뢰성이 부족한지 조사해온 학자들은—적어도 80세 이하에서는—이런 주장이 맞다는 근거를 거의 발견하지 못했다. 그런데도 이런 주장이 우리의 사회·경제·문화적 삶에 그 무엇보다도 강력한 영향을 미치고 있다. 그로 인한 사회·경제적 손실은 앞으로 우리가 더 이상 메울 수 없을 정도로 막대하다.

특히, 고령화 문제에 대한 별다른 대책 없이 고령 사회로 진입해가고 있는 한국의 현실에 비추어볼 때도, 미래 고령 사회에서 팽창된 노인 세대를 부양하고 책임져야 할 지금의 청·장년층이 노인에 대해 어떤 태도를 가지고 있는가는 향후 노인 복지의 방향과 정책의 결정은 물론, 사회적 합의를 형성해가는 데 있어 매우 중요한 기준이 될 것이다. 그런데 이러한 문제 의식을 갖고 있으면서도 실직적인 '노인에 대한 태도'에 관한 연구들을 살펴보면 중학생보다 대학생 이상 성인들이 노인에 대해 더 부정적으로 생각하고 있는 것으로 나타남으로써, 노인에 대한 태도와 연령간에 부정적인 상관관계를 보이는 연구 결과들이 속속들이 드러나고 있다(김수영 · 양경미 · 오현이 · 김진선, 2002; 임영신 · 김진선 · 김기순, 2002; 한정란, 2003). 또한, '노인에 대한 공경도'에 대한 통계청 조사 결과에서도 노인을 공경하지 않는 편이 51.8퍼센트, 공경하는 편이 39.2퍼센트로 나타나, 노인은 젊은 세대로부터 존경의 대상이 될 수 없다는 의견이 더 많음을 알 수 있다.

이러한 연구 결과들은 노인은 쓸모없는 비생산적인 계층이라는 선입관에 의해 비롯된다. 그러나 노인들은 어느 연령층보다도 개인차가 큰 집단이다. 노인은 다 똑같은 존재들이 아니라, 인생의 경험과 건강 수준 그리고 환경 등에 따라 대단히 큰 개인차를 가진 사람들이기 때문에 이러한 인식 위에서 노인에 대한 접근이 이루어져야 한다. 그러므로 노인은 단순히 부양의 대상이 아니라

〈표 8〉 노인에 대한 공경도

(단위 : %)

	매우 공경하고 있다	공경하는 편이다	그저 그렇다	공경하지 않는 편이다	전혀 공경하지 않는다	모르겠다
요즘 우리 사회의 노인공경에 대한 평가	1.0	38.2	7.7	47.6	4.2	1.3
성 별 　 남	0.8	34.9	8.8	49.7	4.9	0.9
여	1.2	41.5	6.6	45.4	3.5	1.8

자료 : 국가인권위원회, 《2002년 지역사회에서의 노인 학대 실태 조사》

Das Methusalem-
Komplott

무궁한 가능성과 가치, 자원을 지닌 계층이라는 인식이 필요하지 않은가 여겨진다.

내가 이 글을 쓰고 있는 동안—독일보다 훨씬 노화의 추진력이 약한—미국과 일본에서 70세 이상의 일하는 노인이 점점 늘어나고 있다는 통계가 발표되었다. 제임스 버펠은 이렇게 말한다.

"'노인붐' 문제를 해결할 간단한 길이 있다. 그것은 지금까지의 통상적인 '노인'의 정의를 좁혀 나가는 것이다. 현재 70대 노인의 대부분이 예전 60대만큼 건강한데도 왜 그들에게 70세까지 일하라고 격려하지 않는가? 그러다 80대가 지금의 70대, 심지어 60대 못지않은 건강을 자랑한다면 80세까지 일하도록 허락하지 않을 이유가 어디 있겠는가?"[58]

정말, 그러지 말아야 할 이유가 어디 있는가? 여전히 우리는 젊음에게 머리채를 내맡긴 문화 속에서 살고 있기 때문이다. 우리는 알고 있다. 인간의 수명이 불확실해졌기에 노화가 무엇인지, 노화가 어떤 것인지를 안다는 건 정의가 갖는 막강한 힘의 문제가 되리라는 것을. 이런 정의는 규범적으로, 법으로 만인을 위해 정할 수 없는 것이다. 그렇다고 해서 "문화로 돌아가자!"는 구호에서 끌어낼 수도 없다. 서양의 규범은 우리의 사명이라 할 가치 전환에는 아무 소용이 없기 때문이다.

혁명 전야에는 모두들 권위를 그리워한다. 때론 그런 권위가 부정적으로 만들어지기도 한다. 텔레비전과 광고는 속죄양으로 아주 적합하다. 노인 차별을 부추기는 자가 누구냐고 물으면 당장에 《보그》지의 광고나 MTV의 트레일러를 떠올릴 사람은 없을 것이다.

하지만 서양 문화는 노화라는 대상을 잘 요리하지 못했다. 그것 역시 우리 사회의 생물학적 코드화와 더불어 노인들이 늘 소수였다는 단순한 사실에 기인한다. 젊은이들이 노인을 공경하고 노소가 함께 조화롭게 살았던 진선미의 꿈으로 돌아갈 길은 막혀 있다.[59] 이런 꿈은 한 번도 현실이 된 적이 없었다.

우리는 실제 희귀한 상황에 처해 있다. 과거의 연구가 방향을 제시하기는커녕 혼란만 야기하는 유례없는 발전 지점에 서 있는 것이다. 우리 선조들의 시대만 하더라도 한 번도 노인이 젊은이들보다 숫적으로 더 많았던 적은 없었다. 전통적인 원로정치 ─ 가장 유명한 사례가 스파르타이다 ─ 역시 노인의 권력은 숫적인 힘이 아니라 정치에서 나왔다. 내가 이 글을 쓰고 있는 동안 두 명의 역사학자가 '고대의 노인상'에 관한 짧은 연구 논문을 발표했다. 그 책에서 특히 눈에 띄는 사실이 있다. 기품 있고, 가치를 인정받는 노년의 규범은 고대에도 지금처럼 모순적이었다. 어쨌든 우리 할

아버지, 할머니의 말씀처럼 정말로 노인을 공경하던 사회가 있었다는 증거는 하나도 없다.[60]

우리 할아버지(혹은 증조할아버지)가 사회화되던 대략 그 시점에 이탈로 스베보는 노인들을 분석했다. 스베보의 주인공들은 점점 더 텅 비어가는 공간에서 살고 있고, 때로 아주 드물게 노화를 전혀 새로운 근본적 자유의 형태로 느끼는, 희비극적으로 늙어가는 사람들이다.

스베보의 소설은 아이러니하고 다양한 목소리들이 어우러진 심포니다. 하지만 소설 한 귀퉁이에서 이런 글을 쓰고 있는 병든 노인에게도 관심을 기울여야 할 것 같다.

"노인들도 아직 너무 늙지 않았을 때는 너무도 쉽게, 약간 즐기기도 하면서 자녀들을 낳았다. 삶이 한 유기체에서 다른 유기체로 넘어가면서 계속 발전되거나 개선되었는지는 확인하기가 힘들다……. 하지만 자식을 낳은 후 정신적 진보가 있을 수 있으려면 노인과 젊은이의 결속이 완전하고, 건강한 젊은이가 완전히 건강한 노인에게 의지할 수 있어야 한다. 그러니까 이 책의 목적은 세상의 행복을 위해 노인의 건강이 필수적이라는 사실을 입증하는 것이다. 노신사에 따르면 세계의 미래, 즉 이 미래를 만들어 나갈 젊은이의 힘은 노인들의 도움과 가르침에 달려 있다."

여기서 말하는 노신사는 젊어지기 위해 한 젊은 매춘부에게 돈을 주어 그녀를 도와주는 사람이고, 따라서 여기서 말하는 작품은 그가 쓰고 있는 위선자의 작품이다.

하지만 그 후 그의 작품, 즉 그의 삶이 종국으로 치닫고 있다는 사실이 여실해질수록 그 노신사—60대 노인이다—는 점점 더 자신의 이론에 배반당하고, 젊음을 향한 분노도 날로 커진다.

"노신사는 이런저런 의혹을 차례로 해명하면서 작품을 끝내고 싶었다. 그리고 한 번 더 노인에게 무슨 권한이 있는지 조사하기 시작했다……. 그는 대답할 수 없는 질문이 쓰여 있는 침대 시트로 낡은 페이지와 새 페이지를 쌌다. 그러고 나서 힘들게 그 질문 밑에다 여러 번 그 말을 써 넣었다. Nothing."[61]

스베보의 기록 마지막에 적혀 있는 이 비철학적 'Nothing'은 새 역사의 시작을 표시한다. 개인만이 늙어왔다. 사회는 수많은 사람이 늙어서 동물원 사회가 될 때 과연 어떤 상황이 벌어질지 한 번도 체험해볼 기회가 없었다. 많은 수가 늙을 때, 그리고 동물 원처럼 태어나는 새끼의 수가 적을 때 과연 무슨 일이 일어날까? 절망적이고 충격적인, 이 60대 노신사의 위선적인 심리 상태가 우리 시대 영혼의 서명이 될까? 우리의 태연함은 어디서 연유하는 걸까? 연금에도 여행에도 이성을 잃지 않는 마음의 평화는 어디서 기인하는 걸까?

우리 모두는 시간과 공간을 얻는다. 하지만 이미지와 텍스트는 없다. 우리의 문화는 준비하지 못했다. 아직 상당한 인생 길을 걸어갈 수 있다. 하지만 다음 골목, 아직 차들과 소음이 넘치는 곳에서 모퉁이를 돌면, 갑자기 우리 앞에 등장한 황무지가 무시무시할 것이다. 우리의 선조들은 우리 상상의 세계에 아무것도 심어놓지 않았다. 오래 계속될 노년에 대해, 우리 모두가 늙어가게 될 노년에 대해 아무것도 짓지 않았고, 아무것도 생각하지 않았으며, 아무것도 쓰지 않았다. 영화도, 책도, 시도, 노래도, 이데올로기도, 정강도 없다. 그렇게 오래 살 수 있었던 사람이 극소수였기에 필요하지가 않았다. 아무도 그런 걱정을 해본 적이 없었다. 여기선 아무것도 실현되지 않았던 것이다. 여기선 번식이 없었다. 문화적 번식에 이용할 수 있는 것도, 작품을 만들어낼 노동도 없었다,

"이런 낙엽 지는 과정 혹은 벌채의 과정이 아주 가까운 곳에서 일어나고 있다는 사실을 고백해야겠다. 노화는 점차적인 (아니 갑작스러운) 세계의 변화를 의미한다. 친근한 얼굴의 세계가 낯선 얼굴들이 사는 일종의 황무지로 변하는 것이다."

한나 아렌트(Hannah Arendt)는 이렇게 말했다. '젊은이'의 문화라면 상상할 수 없을 만큼 엄청난 비축품이 마련되어 있다.

역사와 소설, 영화와 시, 오페라와 그림 속에는 젊은 남녀가 이야기의 주인공으로 등장한다. 괴테의《젊은 베르테르의 슬픔》에서《호밀밭의 파수꾼》에 이르기까지, 알렉산더에서 나폴레옹에 이르기까지 젊은 남녀와는 누구나 동일시될 수 있었기 때문이다.

모든 노인에겐 젊은 시절이 있었다. 하지만 모든 젊은이가 늙는 건 아니다. 과거에도 그랬다. 때문에 하노 부덴브로크의 유전자는 우리 모두에게 살아 있다. 젊어서 죽은 마지막 인간의 우수가. 하노는 족보에 유명한 선을 그었고, 내 이후에는 아무것도 오지 않을 것이라고 말했다. 지난 30년, 세계 멸망과 대량 멸종을 두려워하던 시절에는 우리들도 그렇게 생각했었다. 하지만 외부의 학살은―자연을 통해서도 핵전쟁을 통해서도―너무나 비현실적이다.

지친 지각생은 모델로 적합하지 않다. 하지만 다른 모델은 아는 바가 없다. 지금까지의 사회에선 인간의 다수가 노화의 영향력을 체험할 정도로 충분히 오래 살지 못했다. 그렇기 때문에 우리는 우리의 자화상에 너무도 중요한 모델인 나이 든 영웅들을 불러낼 수가 없다.[62] 이 모델에 관한 한 우리는 부모에게 버림받은 아이들이다.

우리는 스스로 도와야 한다. 사무엘 베케트(Samuel Beckett)

의 나이 든 주인공들, 헤르만 헤세(Hermann Hesse)의 황야의 이리, 구스타프 폰 아쉔바흐는 역할상으로 충분하지 않다. 많은 노인들이 자기 나이보다 훨씬 젊다고 느낀다는 사실이 우리 상황의 새로운 점이기 때문이다. 스베보의 주인공들은 인생사를 기록하면서 자의식을 얻는다. 30대와 40대의 이력서, 세대의 특징을 담은 10년마다의 인생 회고는 고령화 사회로의 이행을 표시할 것이다. 예언자가 아니라도 그런 자기 확인의 수요가 엄청나게 늘어날 것이라는 것쯤은 누구나 예상할 수 있다. 여기서 새로운 예술의 번성기가 개화할 수 있다. 문학과 음악, 조형 예술만큼 그렇게 이야기를 잘할 수 있는 곳이 없기 때문이다.

하지만 인생 회고록과 자서전의 시리즈 생산은 일정 시점부터 동시 콘서트로 바뀔 것이다. 젊은이들의 숫자가 점점 줄어들고, 그들의 쇠퇴하는 구매력이 독창적 청년 문화를 생산하기엔 역부족인 데 반해, 노인들은 점점 더 세상에 오래 남을 것이고, 점점 더 많은 사람들과 같은 기억을 나눌 것이기 때문이다.

경제적 노화
미래의 할아버지, 할머니, 아버지, 어머니들은 자식의 노동력을 저당 잡히고 예치금을 징수할 것이다.

Das Methusalem-Komplott

회색빛 안개에 가린 어제의 사진들이 있다. 슈테판 츠바이크 (Stefan Zweig)가 보고했던 그 사회는 사람들이 30대만 되어도 60대처럼 행동하려 애썼다. 우리는 100년 전 유럽을 감싸고 있던 이런 분위기를 '세기말'이라 불렀다. 그 시대에는 질병과 요절, 몰락과 구슬픈 묘비를 향한 불행한 사랑에 대해 이야기한다. 아래는 그 시대의 분위기를 담은 전형적인 유명한 시 구절이다.

완전히 잊혀진 민족의 피로를
나는 내 눈꺼풀에서 털어낼 수가 없다,
충격받은 영혼에게서 멀리 떨어져
먼 별들이 침묵하며 떨어진다.

그런 시가 씌어진 세계를 노년과 죽음의 모델로 삼아야 할 것 이라고 생각할 수도 있다. 하지만 이 시를 썼던 후고 폰 호프만슈 탈(Hugo von Hofmannsthal)은 시를 쓸 당시 채 20세가 되지 않았다.

개인의 인생 행로와 온 가족의 생존 기간에 대한 우리의 관념 에 그 어떤 작품보다 지속적인 영향을 미쳤던 《부덴브로크 가의 사람들(1901년 출판)》은 수많은 권위자들과 가부장, 늙고 품위 있 는 신사들을 작품 속에다 모두 끌어모아 놓았다. 영사였던 하노의 할아버지 요한 부덴브로크는 53세에 죽었고, 시의원이던 그의 아 들 토마스 부덴브로크는 49세에 죽었다. 이 소설의 유명한 장면 에서 그는 쇼펜하우어를 읽고 노화와 죽음에 대해 심각하게 고민 한 끝에 48세에 유언장을 작성한다. 21세기 교양 있는 노신사들 의 노회에까지 영향을 미치고 있는 이 모든 구절들은 토마스 만이 채 25세도 안 된 나이에 쓴 것이다. 상상할 수 없을 정도로 젊은 사람들이 100년 동안 몰락과 노화에 대한 우리의 관념을 좌우했 던 것이다.

100년 전 젊은이들은 영감을 얻기 위해 몰락을 고안했고, 온 세대를 감동시켰다. 오늘날 사정은 정확히 역전되었다. 노인들이 젊음을 팔아먹고 있는 것이다. 노인들은 더 이상 완전한 시를 쓰지 않는다. 살과 피로 된 완전한 시를 만들어낸다. 그들의 시구는 단어가 아니라 남녀 배우들, 특이한 아름다움의 모델들이다. 지금껏 단 한 번도 그렇게 많은 인간이, 그렇게 많은 아름다운 인간의 이미지를 보았던 적이 없었다. 서구 사회엔 늘 마주치지만, 인구 통계와 동사무소 기록에는 기재되어 있지 않은 세입자들이 있다. 이들이 거리 모퉁이마다 붙어 있는 게시판에서 손짓을 하고, 우리가 넘기고 있는 잡지에서마다 눈을 부릅뜬다. 광고와 영화는 우리의 영혼을 조종한다. 우리는 상징적으로 사고할 힘을 잃었거나 의욕을 상실했다. 그것도 우리가 노년을 퇴직 문제에 이르기까지 그저 경제적인 요인으로만 파악하기 때문에 말이다. 세기말에 영감을 주었던 독일의 예술가 뒤러(Albrecht Dürer)의 동판화 〈기사, 죽음, 악마〉는 오늘날 의료보험과 연금 사이를 말을 타고 달리고 있다.

나이가 들어서도 젊은 시절의 그 배짱을 일부나마 간직할 수 있다면, 우리는 집단적 노화의 경험을 할 수 있는 첫 세대가 될 것이다. 노화를 상실뿐 아니라 이득으로 생각하는 첫 세대가 말이다.

오늘날 우리는 노화를 낭비로, 자원 소비로 생각한다. 제1차 세계대전의 경험은 철학적 노화의 꿈, 아름다운 죽음의 꿈을 완전히 종식시켰다. 수많은 젊은 생명이 희생되는 걸 보면서 안정된 편안한 삶이 수상쩍어졌다. 제1차 세계대전이 끝나고 6년 후 토마스 만은 죽음에 관한 다른 책을 세상에 내놓았다. 바로 《마의 산》이다. 엄격한 사경제적 조직인 추밀 고문관 베렌스의 죽음 병동에서 죽어가는 한 남자, 병 산소가 시급하게 필요한 그는 "늙은 미식가"로 불린다. 이로써 삶의 향유와 기간은 그 경제성과 결합된다. 《마의 산》의 "미식가"는 미리미리 대비를 했고, 그래서 그런 여유를 누릴 수가 있었다.

제때에 퇴장하지 않으려는 자는 낭비가다. 노인들이 수명 연장이라는 자원에 대해 충분한 비용을 부담하지 않으려 한다는 느낌이 강해질수록 사회의 도덕·경제적, 나아가 법적 압박은 — 비용이 제일 많이 드는 삶의 마지막 시간을 누가 부담해야 하는가, 라는 그 유명한 질문에 이르기까지 — 더욱 심해진다. 우리처럼 노화가 사회의 관심이 되지 않는 곳에서는 길어진 평균 수명도 관심의 대상이 아닌 것이다.

환불의 순환

영국의 여기자 빅토리아 코헨(Victoria Cohen)은 현재 연금을 받고 있는 사람들의 경제적 태도를 연구한 많은 연구가들 중 한 사람이다. 노인들이 퇴직한 직후 혼란 상태에 빠지며, 새로운 생활 환경에 적응하기까지 한 동안 시간이 걸린다는 건 누구나 알고 있는 사실이다. 여행을 다니고 합창단에 가입하고 봉사활동을 하고 있는 '실버 세대'를 다룬 르포는 수없이 많다. 하지만 코헨은 여기서 멈추지 않고 한 걸음 더 나아가 평균 수명이 늘어난 상황에서 노인들이 퇴직과 연금, 카드 게임인 브리지에 익숙해지고 나면 과연 무엇을 할 것인지를 물었다. 대다수의 사람들이 하고 있는 순수 소비가 그들에게 도움이 될까? 75세, 85세의 노인들은 대체 무엇을 쇼핑할까? 누구나 상상할 수 있듯 과일 주스와 모자? 아니면 컴퓨터 게임과 최신형 DVD 리코더?

그들은 모든 것을 산다. 다시 말해 모든 것을 구입해 집으로 가져온다. 하지만 그건 이야기의 절반일 뿐이다. 이틀 후 그들은 다시 집을 나서며 모든 것을 다시 가져다준다. 그런 다음 새 상품으로 새롭게 게임을 시작한다. 홈쇼핑 역시 인기다. 주문과 상품의 도착은 아주 부드럽게 재포장과 반품으로 넘어간다.

물건을 다시 가게로 가져다주는 걸 노인들은 아주 좋아한다. 빅토리아 코헨은 묻는다. 왜 막스&스펜서(Marks & Spencer)의 반품 창구엔 80대 노인들밖에 없는 걸까? 상품을 되돌려주는 것이 재미있기 때문이다. 그들의 관심은 구매가 아니라 그들을 추방해버린 상품 거래의 시뮬레이션이기 때문이다. 돈ㅡ상품ㅡ돈으로 이어지는 '환불'의 순환은 노인들의 지갑에 한 푼도 가져다주지 않지만, 대신 시간을 잡아먹는다. 그리고 바로 이런 경험이 사회 생활에 참여하고 있다는 느낌을 주는 것이다. 달리 표현하면, 노인들은 어떻게 하든 경제 활동에 적극 참여하고 싶어 하는 것이다. 그것이 그저 사회 경험을 수집하는 것에 불과할지라도 말이다. 그렇게 보면 독일에서는 캔 예치금도 좋은 시작인 셈이다. 영국 슈퍼마켓 앞에서 70대 노인들이 부자가 되었다고 한다. 빈 병을 엄청나게 수거했던 것이다.

문제는 노인들이 이렇게 열심히 빈 병을 모아 갖다주지만 비지 않은 병은 슈퍼마켓 밖으로 나가지 않는다는 데 있다. 언젠가 빈 병보다 더 많은 수의 빈 병 수집가들이 슈퍼마켓 앞에 모여들 것이고, 빈 병을 향한 그들의 숨기지 않은 탐욕은 다시 한번 젊은 사람들을 놀라게 만들 것이다.

물론, 딜레마의 원인은 노인들의 수가 줄어들지 않고, 오히려 늘어난다는 데 있다. 노인들이 시스템을 무너뜨리고, 수십 년 전 몰아내버렸다고 믿었던 태곳적 공포를 다시 일깨운다는 데 있다. 노인들이 우리에게서 빼앗아간 건 빈 병과 다름없는, 분담금으로 재정을 충당하는 연금만이 아니다. 우리는 생활에 필요한 모든 것에 예치금을 지불하고 있다. 반품비를 받지 않는 곳은 막스&스펜서밖에 없다. 자연은 우리의 육체가 칼로리를 전부 미(美)와 힘과 성(性)에만 투자하지 않고 남겨두었다가 자식을 기르는 데 사용하도록 만들어놓았다. 하지만 한 생명체가 후손은 물론 부모까지 부양해야 하는 사태는 자연도 미처 예상하지 못했다. 비생산적인 노인들이 모든 것을 빼앗아 먹어버리고 자기 자식들한테는 자식을 낳을 칼로리조차 남겨주지 않는 사태가 벌어질 것이다.

역사적 변화를 구체적으로 상상하기 위해 현재 70세 이상의 노인들이 태어났던 그 시절을 되돌아보는 것도 괜찮을 듯하다. 그 당시는 인플레이션이 최고조에 달한 시절이었다. 대략 1883년에서 1903년 사이에 태어난 이들은 제1, 2차 세계대전과 인플레이션을 경험했던 세대들이다. 하지만 1925년 65세 이상의 노인은 독일 인구의 5.8퍼센트에 불과했고, 20세 이하는 36.2퍼센트였다. 그로부터 채 100년도 지나지 않은 2020년 65세의 노인은 26퍼센트에 육박할 것이며, 20세 이하는 17퍼센트에 불과할 것이다.[63] 수치의 관계가 극적으로 역전되었다. 그리고 미래의 할아버지, 할머니, 아버지, 어머니들은 자식의 노동력을 저당 잡히고 예치금을 징수할 것이다.

한때 빛나는 젊음을 위해 '틴에이저'라는 개념을 만들어낸 세대, 한마디로 1940년대 후반에서 1970년 사이에 태어난 세대, 베이비붐 세대와 포스트베이비붐 세대. 전쟁과 재앙을 경험해보지 않았지만 그들의 숫자가 아주 많다는 사실, 그들이 그저 살았다는 사실, 그것도 성장의 황금 시대에 살았다는 사실 하나만으로 사회를 철저하게 바꾸어놓았던 세대. 그들보다 우리의 자의식에 중요한 세대는 없을 것이다.

연금과 의료보험과 평생 노동 시간과 간병 보험, 고령화 사회에 대한 통계로 귀가 먹을 지경인 이 세대는 절대 집을 뒤엎지 않는다. 오히려 술자리가 한창이고, 취한 사람들이 정원에서 기분 좋게 어울리고 있는 듯한 느낌이 든다. 모든 연금 위원회와 인구통계 위원회는 고령화 사회를 총체적 현상으로 보지 못하고, 그저 순수하게 계산적으로만 접근하고 있다. 그마저도 너무 늦다. 이런 눈 먼 공무원들은 최근까지만 해도 자신이 추방한 것과 마주치게 될까봐 두려워할 필요가 없는 세대들이었다.

하지만 우리는 다르다. 물론 우리 역시 이런 과정을 추방해버릴 수 있다. 그리고 많은 사람들이 그렇게 하고 있다. 하지만 그런 행동의 의미가 무엇인지는 확실하게 파악해야 한다. 그것이 그저 미리 죽는다는 의미일 뿐일 수도 있다. 인간이 내놓은 모든 예측을 다 뒤져보아도 제3의 길은 없다. 뒤집어진 연령 피라미드를 살아 생전 되돌리려는 노력은 전염병이나 천재지변, 전쟁을 기다린다는 의미일 뿐이다. 하지만 우리가 바라는 미래는 정반대다. 의학의 발달, 생활을 풍요롭게 만드는 발명, 평화와 복지, 인류의 이 원초적 꿈은 모두 평균 수명을 연장시킨다.

다시 말해 우리는 우리가 희망하면서 동시에 두려워하는 것을 체험하게 될 것이다. 사회의 일부는 새해가 올 때마다, 생일이 돌아올 때마다 자신들이 노인이라는 새로운 다수 속으로 걸어가고 있다고 예감한다. 그로 인해 우리는 수천 년 동안 외워왔던 관념, 삶과 노화와 죽음에 대한 관념과 해결할 수 없는 갈등에 빠져든다.

많은 사람들은 우리가 '인생의 의미'라는 자원을 잃어버리는 대신, 권력을 쥐게 될 것이라고 말한다.[64] 왜 우리는 두려워해야 할까? 오늘은 청년인 우리가 내일은 노인이 된다면 우리는 다수가 될 것이다. 우리는 우리 마음에 드는 것을 선택할 것이다. 연금과 유산, 경험의 계좌를 손에 들고 젊은이들을 착취하는 계급이 될 것이다. 마르크스적으로 표현하면 축적된, 과거의 대상화된 노동이 살아 있는 직접적 노동을 지배하는 것이다.

경제학자들은 변화의 시기를 2020년으로 잡고 있다. 그때가 되면 다수의 관계가 최종적으로 노인들에게 유리한 쪽으로 이동할 것이기 때문이다.

잠시 휴식을 취하면서 우리 자신을 관찰해보자. 이런 설명들은 미래의 우리 자신에 대한 이야기들이다. 그것은 우리의 노년을 자연 재앙으로 설명한다. 현재 20~50세 사이의 사람들은 다수만 되는 것이 아니다. 늙을 것이고 비생산적이 될 것이며, 자식들의 비축품은 물론 자식들까지 파멸시킬 것이다.

우리 세대가 자책을 떨쳐버리기는 쉽지 않겠지만, 후손의 골고 다 위에서 늙은 흡혈귀가 즐겁게 춤을 추고 있는 그림은 틀렸다. 비록 우리가 다수이기는 하지만 일정 시점부터는 허약해질 것이고, 따라서 누군가의 도움을 필요로 하게 될 것이다. 우리가 살아갈 세상이 1960~1970년대처럼 쾌적하고 안전할 것이라 주장하는 자료는 없다. 한 연구서는 수많은 노인들이 젊은 세대에게 엄청나게 종속될 것이라는 결론을 내리고 있다.

"미래의 노인들은 이혼율 증가와 출산율 저하로 현재의 노인들에 비해 가까운 친척의 숫자가 훨씬 줄어들 것이다. 직계 친척 없는 노인 '싱글'의 증가를 예상할 수 있는 것이다. 간병이 필요한 시점이 되면 그들에게 남은 가능성은 단 3가지뿐이다. 양로원으로 들어가거나, 이동 간병 서비스를 받거나, 가족을 대체할 수 있는 적절한 사회복지망을 구축하는 것이다."[65]

처음으로 다수가 노화의 모욕과 치욕을 경험하게 될 것이다. 그들은 어떻게 대처할까? 아주 많은 사람들―내일의 노인들― 이 아주 적은 사람들―젊은 사람들―에게 용인받지 못한다는 느낌이 들면 어떻게 될까? 이슬람 국가들에서 탄생한 엄청난 젊은이들의 무리를 보면서 어떤 두려움을 느끼게 될까? 소수이지만 우리의 안전과 건강, 부양을 보장해줄 젊은이들에게 의존할 수밖에 없는 현실 앞에서 어떤 두려움이 솟구치게 될까?

우리는 자기방어 전략을 개발해야 하며―빨치산 활동에서 반칙 공격에 이르기까지―허약한 노인이 되어도 살아남을 수 있는 대안을 개발해야 한다.

너무 허풍을 떤다고 생각하는가? 당신이 얌전히 집에 틀어박혀 그림책에 나오는 노인의 역할을 하고 있어도, 언젠가 사람들은 당신이 사회 시스템을 저지하고 있다고 비방할 것이다. 슈퍼마켓 계산대에서 거치적거려도, 연금 계산법을 엉망으로 만들어도, 인터넷에서 다른 노인들과 무리를 지어도 똑같은 비난을 퍼부을 것이다. 오늘날의 우리로서는, 노인들에게―업무 태만에서 범죄에 이르기까지―온갖 비열한 짓거리와 범죄를 저질렀다고 비난하는 광경이 도저히 상상이 안 될 것이다. 하지만 전문가 집단들은 오래전부터 이런 광경이야말로 개연성이 충분한 예측으로 취급해오고 있다.

　미래의 노인들은 막스&스펜서의 반품 창구에 서 있지 않을 것이다. 물론 그들 역시 가상 순환 시스템에 참여할 것이다. 그들 역시 구매하고 교환하고 또 구매하겠지만 백화점이나 슈퍼마켓까지 가야 할 필요가 없다. 그들의 장터는 인터넷이다. 넉넉한 시간과 지능을 바탕으로 완벽에 이를 정도로 인터넷을 마스터할 것이다.

　백발의 프로그래머들이 떼거리로 퇴직을 한다. 그들의 손은 아직 성가신 코드 몇 가지도 생산하지 못할 만큼 심하게 떨지 않는다. 그리고 그들은 노인들을 벼랑으로 내모는 사회에 복수하자고 촉구할 것이다. 하지만 우리 사회의 '눈사태', 우리 사회의 붕괴를 예언한 사람들은 사이버 시인 닐 스티븐슨(Neal Stephenson)의 세대만이 아니다. 우리 모두가 동참하고 있다. 2010년부터 속력을 높여 노인 측에 합류할 사람들은―역사적으로 볼 때―기술과 기술 활용의 천재들이다. 그들은 방송과 음악, 신문과 잡지, 광고와 텔레비전, 도로 교통을 혁신했다. 그들은 자기들 시대에 발명된 모든 것을 자기 목적을 위해 끌어들였다.

사이버 젊음

노인들은 최고령에 이를 때까지 시장과 여론에 영향을 미칠 것이고, 그것들을 변화시킬 수 있을 것이다.

이제 우리와 더불어 기술 수준 높은 노년의 단계가 시작된다. 마법의 손으로 만지기라도 한 듯 21세기 초반에 하필이면 우리가 노년 그 자체를 혁신화할 기술을 만나게 된 것이다. 컴퓨터와 인터넷, 휴대전화는 1960년대의 전축, 대중교통, 텔레비전에 버금가는 기술이다. 노화하고 있는 베이비붐 세대는 그것들의 도움을 받아 2010년에서 2050년까지 다시 한번 집단적으로 사회에 개입할 수 있을 것이다. 젊음에 반한 실리콘밸리가 1990년대 말 처음으로 거대한 노인 자원에게 다시 손을 내민 건 절대 우연이 아니었다.

누구나 어디서건 누구와도 연결시킬 수 있는 산업은 나이와 성별을 묻지 않는다. 저널리스트 군돌프 S. 프라이어무트(Gundolf

S. Freyermuth)는 컴퓨터 산업이 어떻게 고령화 사회의 미래를 보장하기 시작했는지를 이렇게 설명하고 있다.

"그 사이 기적의 제품들, 과학 연구, 방향을 제시하는 저서의 물결이 고령에 이르기까지 적극적으로 경제 활동에 참여하고 싶은 의지를 분석하고 있다. 여기서 이런 변화와 미국에서 가장 많이 진척된 제3의 산업 혁명과의 시간적 연관 관계를 무시할 수 없다. 그 관계를 알고 나면—인류사의 이전 단계들과는 달리—약 200년 동안 형성되었던 사회적 행동방식에 갑자기 등을 돌리게 만든 하나의 자극제가 디지털화라는 사실을 깨닫게 될 것이다."[66]

이런 과학 기술을 갖춘 노인들은 은행 구좌와 채팅, 전자메일, 그리고—가능하다면—투표 용지로 계속 발언을 할 것이다. 노인들이 얼마나 시간이 많을지, 노인의 숫자는 날로 늘어나고 친척의 숫자는 날로 줄어들 것이라는 건 지금도 충분히 예상할 수 있는 일이다.[67] 웹캠이 있건 없건 인터넷으로 가족을 대신하는 광경은 수많은 가상 시나리오 중 하나일 뿐이다. 노인들은 최고령에 이를 때까지 시장과 여론에 영향을 미칠 것이고, 그것들을 변화시킬 수 있을 것이다.

알다시피 노인의 거주 비율이 높은 지역에서는 첫째, 의료 시설에 대한 수요와 둘째, 개개인의 안전에 대한 수요가 늘어난다.

미국의 애리조나에서는 지난 몇 년 동안 처음으로 노인들을 상대로 (그리고 거꾸로 젊은이들을 향한 노인들의) 분노가 폭발했다. 지역 사회의 분쟁은 노인들이 경찰력과 안전 강화를 약속하는 대신 교육비 지출을 줄이겠다는 정치인을 뽑는 바람에 불이 붙었다. 앞으로는—그 옛날 조지 오웰의 세대들에겐 공포 영화나 다름없던—감시 시스템과 지문 및 DNA 인식 기구 같은 생체 인식 장치가 지금의 현금 지급기만큼이나 널리 보급될 것이다.

하지만 전 세계적으로 수백만, 아니 수백억 명의 노인들이 사용자가 되어 네트워크로 밀고 들어간다면 어떤 일이 일어날까? 그들이 국제적으로 네트워크화된 세계에서 최고령에 이를 때까지 사사건건 개입을 한다면? 이베이에서 아마존까지, 생명 보험에서 구좌 이동에 이르기까지 이미 지금도 인터넷상에선 진짜 사실들이 만들어지고 있다. 노쇠해 정신이 없거나 사회적으로 특이한 존재라는 이유로 '실제 세계'에서 계약을 체결하거나 상품을 구매하지 못하도록 가로막는 모든 요인들이 우리에게는 더 이상 먹히지 않는다. 세계는 우리를, 미래의 노인들을 어떻게 막으려 하는 걸까? 커뮤니케이션과 상품 거래가 점점 더 전 세계적으로 네트워크화된 컴퓨터에 의존하게 된다면 거꾸로 노인들은 어떻게 자신들을 방어할까?

노인에 대해 나쁘게 생각할수록 노인들은 위험해진다. 자의식을 잃을 것이고, 자꾸만 잊어버릴 것이며, 공격적이 되거나 고집불통이 될 것이다. 자신의 초상을 늘 캐리커처로만 보는 사람은 자신의 감정을 희화화한다. 이 확실한 '자기 충족적 예언(self fullfilling prophercy)'의 사례는 양쪽으로 열린 구조 때문에 인터넷상에서 특히 위험해진다. 텔레비전이나 영화, 라디오, 광고에선 관중이 개입할 여지가 없다. 인터넷은 그런 수동성을 포기한다. 사이버 공간에서 활동하는 사람은—텔레비전 시청자와 달리—그 세계에 발을 내디딤으로써 이미 무언가를 유발한다. 그는 그곳에 있다. 그는 반응한다. 그는 공격당할 수 있고, 또 공격할 수 있다.

이런 변화—사이버 공간 안에서 하이테크를 갖춘 현재의 전자 메일 및 인터넷 세대의 노화—의 엄청난 범위는 지난 몇 년 동안의 범죄 추이에서 잘 나타나고 있다. 경찰과 민방위대의 활동 영역은 '실제' 세계의 주거지를 넘어서고 있다.

인터넷의 주민들이 날로 노화될 경우 인터넷상에서도 추가로 안전 장치가 구축될 것이다. 현재 우리의 상황은 공항에서 거의 아무런 안전 검색도 하지 않던 1950년대 초의 상황과 흡사하다. 우리가 살아 있을 동안 안전 검색은 날로 강화될 것이다. 우리가 인터넷에 의존하게 될수록 더더욱 그럴 것이다. 인터넷상에서도 노인 이용자들의 실제적인 실책보다 노인들이 위급 상황에 대처를 잘 못할 것이라는 식의 책임 전가가 더 위험하다. 사이버 공간에서는 신분 증명서를 제시할 수 없기 때문에 복잡한 행동 연구 시스템이 개발될 것이다. '신원 도둑질', 다시 말해 비밀번호나 신용카드 번호, 주소의 도용은 이미 2002년 미국에서 노인 컴퓨터 이용자들이 특히 많이 당하는 범죄가 되었다. 국회 청문회에서 워싱턴 생체인증보안 기업의 로비스트 데니스 칼턴(Dennis Carlton)은 이런 말을 했다.

"생체인증보안 기술은 자동화된 컴퓨터 프로그램을 이용해 한 사람의 특징적인 행동 및 신체 특성을 밝히는 것입니다. 그 기술로 그 사람이 자신이 주장하는 바로 그 사람인지를 확인하는 겁니다. 다른 말로 하자면, 정신 태도나 인간의 기관이 우리 데이터 뱅크의 기록과 일치하는지를 확인하기 위해 컴퓨터를 이용하는 것이지요. 연구 결과 말, 서명, 심지어 키보드를 두드리는 강도가 사람마다 다 다른 것으로 밝혀졌습니다. 비슷한 식으로 신체의 특성을 우리 데이터 뱅크와 비교할 수 있습니다. 지문에서 손 형태, 얼굴 형태를 거쳐 홍채, 망막에 이르기까지 전부 비교 가능합니다."[68]

행동 연구—시장 연구의 급격한 발전인—는 우리가 네트워크와 결합될수록 더욱더 우리를 확실히 포착하고, 더욱더 개별화시킬 것이다. 컴퓨터에 기록되는 방문자의 접속 기록, 쿠키 따윈 잊어버려라! 전혀 다른 관찰 형태를 접하게 될 것이다.

유명한 매사추세츠 기술 연구소(MIT)는 1999년 에이지랩(AgeLab)을 창설했다. 의도적으로 고령화 사회를 위한 기술을 개발하는 연구소다.[69] 연구소장 조 쿠글린(Joe Coughlin)은 하이테크 잡지 《와이어드(Wired)》와의 인터뷰에서 이런 말을 했다.

"창립 이념은 이렇습니다. 베이비붐 세대여, 영원한 젊음을 유지하라! 우리는 우리의 라이프 스타일을 최고령에 이를 때까지 지키고 싶습니다."

에이지랩은 노화 중인 뇌를 연구하는 대규모 프로젝트를 동반했지만 일상의 기술들에도 관심을 기울인다. 주인이 알약 먹는 걸 잊어버렸을 경우 죽은 척하는 인공 가축 '필페트(Pillpet)'나 치매 환자에게 전화를 끊어버리지 못하도록 막아주는 휴대 전화 같은 것이다.

"건망증이 심한 휴대 전화 주인이 펜으로도 사용할 수 있는 휴대 전화로 아무 곳에나 '존에게 전화 걸기'라고 쓴다. 전화가 걸리는 동안 이 단어가 계속 액정화면에서 깜빡거리기 때문에 믿을 수 없는 단기 기억을 되살려준다. 색깔은 백발의 베이비붐 세대의 마음속에 숨어 있는 틴에이저를 환기시켜주는 의미에서 형광 오렌지색이다. 폭스바겐 — 당연히 폭스바겐 비틀이다 — 에는 운전자의 신체지수, 즉 혈압이나 체온이 기준치를 넘을 경우 당장 브레이크가 걸리는 기술을 장착했다."[70]

수년 전, 독일 방송 채널이 3개밖에 안 되고 '월드와이드웹'이 아직 존재하지 않던 시절, 닐 포스트맨(Neil Postman) 같은 언론 비평가들은 정보기술의 보급을 인간 신경 시스템이 나머지 세상으로 확장되는 것에 비교했다. 세상 최고의 오지까지 우리는 점점 더 많이, 점점 더 다양하게 듣고 보고 느끼고 생각한다. 노화와 더불어 앞으로 몇 십 년 간 나머지 세상의 디지털 신경 시스템과 점점 더 강하게 결합될 것이다. 그리고 이 모든 개별 신경 말단의 충동과 희망과 위험을 이해하기 위해, 행동 연구는 우리를 마치 동물원의 원숭이처럼 연구할 것이다.

그 과정에서 우리의 가장 은밀한 정보까지 밝혀질 것이다. 우리는 컴퓨터 앞에 앉아 있을 뿐 아니라 우리 스스로가 데이터가 되는 것이다. 현재 미국 병원 및 양로원의 감시 시스템은 우리의 신체가 어떻게 네트워크화될지를 짐작할 수 있게 해주는 모델이다. 혈당치, 혈압, 그 밖의 많은 신체 관련 정보가 데이터 통로를 통해 '실시간'으로 측정된다. 그런데도 우리는 자신의 수치나—웹캠이나 운동 매트릭스를 거쳐—행동을 분석하는 공동체 시스템이나 집단 시스템에 자율권을 넘겨주는 것이 전혀 불행하지 않을 것이다. 우리는 인터넷과 휴대 전화를 이용하고, 아마도 GPS 송신기나 운동 측정기가 부착된 티셔츠를 입고 다닐 것이다. 그래서 길을 가다 넘어질 경우(노인들이 병원으로 실려가는 가장 빈번한 원인이다) 메시지가 가족과 구급대에 송신될 것이다. 지극히 개인적인 부분들이 매일 집단 의식에 저장될 것이다. 네트워크화는 우리에게 자유와 구속을 동시에 선사할 것이며, 65세가 넘어서도 일을 할 수 있도록 만들어줄 것이다.

네트워크화는 일방통행로가 아니다. 노인들은 시스템에 읽힐 뿐 아니라 스스로 시스템에 영향을 미칠 수 있다. 그를 통해 노인들은 지속적인 불안의 요인이 될 것이다. 인구 통계학적으로 보아 결정적인 2020년대를 바라보며 영국 정부의 전문위원들은 노소의 엄청난 사회적 충돌을 두려워하고 있다. 전문가들의 의견에 따르면, 그런 충돌이 새로운 유형의 노인 하이테크 범죄자를 만들어낼 수 있다는 것이다.

"우리가 걱정하는 이유는—아직까지는 징조가 보이지 않는다 해도—고령화 사회에서 사회적으로 배척당한다는 느낌이 새로운 형태의 범죄를 유발시킬 수 있기 때문이다. 인간이 오래 살수록—일찍 퇴직할수록—더 이상 사회에서 건설적인 역할을 하지 못한다는 느낌은 더 강해질 것이다. 사회적으로 불이익을 당하는 다른 그룹들에서도 볼 수 있듯, 이런 현상은 대형 범죄로 이어질 수 있다. 정보 기술을 통해, 기관과 지식에 대한 지식과 정보를 통해 유혹은 더 강해진다. 전자 세계에선 신체적 능력은 한계 요인이 아니다."⁷¹⁾

죽음의 비용

노인이 살아 있음으로 해서 얼마만큼의 비용이 유발되는지, 그것만이 관심사가 될 것이다.

인생 중반의 큰 단절이, 앞으로도 단순한 중년의 위기로 머물 것이라는 생각은 망상이다. 그건 지난 몇 십 년처럼 근심 걱정 없이 사치스러운 연금 생활을 누릴 수 있었을 때나 가능한 이야기다. 하룻밤 사이에 인간을 노인 차별과 두려움, 쓸모 없는 인간이라는 느낌의 희생자로 만들어버리는 마흔 혹은 쉰 살의 단절은 가까운 장래에 우리가 생각하는 것 이상으로 우리의 관심을 끌게 될 것이다.

복지가 사라진 사회가 인간의 생명 보존에 얼마를 투자해야 좋을지, 후손의 생명과 노인의 생명에 얼마를 투자해야 할지, 이미 사방에서 주판알을 튕기고 있다. 그걸 전문 용어로 '바이오 정책'이라 부른다. 현재 태아의 조혈 세포와 유전자 코드 해독에 정신을 팔고 있는 사람들이 사용하고 있는 이 말이, 앞으로 우리의 삶에 동행하게 될 것이다. 바이오 정책은 21세기의 출입문 위에 있다. 그리고 방금 이 문을 들어선 우리는 그것이 우리의 생명의 시작일 뿐 아니라 끝이기도 하다는 사실을 경험으로 알게 될 것이다.

"인생에서 가장 돈이 많이 드는 날은 죽는 날이다. 노인의 건강 복지 비용으로 14달러가 지출되는 데 반해, 아동 1인당 지출 비용은 겨우 1달러에 불과하다. 생의 마지막 몇 달에 70~90퍼센트 소비되고 있는 것이다."[72]

미국의 건강부 장관이 1990년대 초에 한 말이다.

미국에서 암환자 한 명이 말기에 소비하는 비용이 약 3천 달러다. 그 중 33퍼센트가 마지막 한 달에 지출되었고, 48퍼센트가 마지막 두 달 동안 지출되었다.[73]

이런 생명의 상대성은 법학자들 사이에서도 오래전부터 논란이 되고 있다. 우리가 나이가 들면 생명을 도덕적―후손들의 짐으로―의미 및 경제적 의미에서의 비용 요인으로 계산하는 경제 · 도덕 · 사회적 요인들을 이해할 수 없게 될 것이다. 생명 연장 장치를 14일만 일찍 떼내도 전체 국민 보건 시스템이 개선될 것이라는 추측이 지금부터 나오고 있다. 시스템을 구하기 위해 자기 생명의 이틀을 포기하는 건 이틀 휴가를 삭제하는 것과 비슷하게 유용할 것이라고 말이다.

이런 '생명의 구좌'의 세계로 들어가게 될 우리에게 이 말은 우리의 인생 행로가 제2의 전환점을 맞이하게 될 것이라는 의미다. 그렇게 되면 중년의 위기는 멈추고 있는 생산의 시작이다. 그렇게 되면 모든 생명이 출생일이 아니라 상상의 사망일에 의해 규정되는 지점에 도달할 것이다. 그렇게 되면 노인이 살아 있음으로 해서 얼마만큼의 비용이 유발되는지, 그것만이 관심사가 될 것이다.

보건 복지 비용을 둘러싼 논쟁과 나란히 죽음의 절약 효과에 대한 논쟁도 이미 시작되었다. 몇 년 전 학자들은 한 비교 연구를 통해 안락사가 미국 국민보건제도의 비용을 얼마나 절감시킬 수 있는지 조사했다.[74] 당시 학자들은 네덜란드의 경험을 바탕으로 비용 절감이 과대평가되었다는 결론에 이르렀다. 하지만 잊지 마라! 1999년의 '정상' 인구 통계학을 기초로 삼았다는 사실을. 2020년이었다면 결론은 아마 완전히 달랐을 것이다.

그런데도 학자들이 연구 결과를 발표한 이유는, 이미 1998년의 효용성 논쟁을 통해 경각심을 느꼈기 때문이었다.

"의사의 안내를 받는 자살의 합법화를 통해 절감할 수 있는 총액은 비교적 적지만, 우리는 국민복지제도의 가격 경쟁으로 인해 이런 시술이 확대될 수 있을 것으로 우려하고 있다. 안락사를 반대하는 사람들은 최고 재판소 앞에서 이렇게 강조했다. '건강부와 그 직원들이 예산 압박 때문에 죽어가는 환자들에게 의사의 안내를 받는 자살을 선택할 것을 종용할 가능성이 있다. 환자의 고통은 의사의 경제적 명령 때문에 치료되지 못할 것이므로 우울증에 시달리는 환자들은 자살을 선호할 것이다.'"[75]

조국을 위한 죽음

지난 세기의 그 끔찍했던 일들을 직접 경험한 어떤 사람이 이런 글을 남겼다. "현실에 저항하는 예측을 할 때는, 인간이 못할 짓은 없다는 사실을 계산에 넣어야 한다."[76] 당시 1914년에서 1945년까지 30년 동안의 전쟁은 두 번에 걸친 대량 학살로 젊은이들을 모조리 죽여버렸다. 그리고 이제 2035년이 '우리 국가의 인구 통계학적 위기의 최고치'가 될 것이라는 것을 안다면, 2014년에서 2045년까지를 편안한 마음으로 바라보아서는 안 될 일이다.[77] 한때 젊은이들이 겪었던 일들을 이제 노인들이 겪게 될 것이다. 최근 문화역사가 볼프강 쉬벨부쉬(Wolfgang Schivelbusch)는 1914년 자원병들이 조국을 위해 죽었듯 이제 노인들에게도 죽어야 할 의무가 있을 수 없느냐는 질문을 던졌다. 우리는―이것이 오늘을 사는 우리만의 문제이기에―자발적으로, 가능하다면 꽃까지 흔들면서 민족과 조국을 위해 죽어줌으로써 우리 생명의 부담으로부터 사회를 해방시켜줄 것이다.

언어학자들은 노인들이 젊은이들과 이야기할 때, 자신들이 생각하는 젊은이들의 기대에 자기도 모르게 부응한다는 증거를 발견했다. 다시 말해 그들에게 붙어다니는 부정적인 고정관념을 입증해 보인다는 것이다. 예를 들어 느리게 말을 하고, 계속 건강 문제를 거론하고 허약해지는 정신력을 지적해 처음부터 젊은이들의 양해를 얻으려 한다는 것이다.[78] 때문에 쉬벨부쉬가 논문에서, 스스로를 쓸모 없는 존재로 느끼는 노인들의 성급한 복종을 추적한 건 반론의 여지가 없는 작업이다.

"인간은 거짓과 환상, 꿈과 이데올로기 없이는 살 수 없기 때문에, 또 자발적으로 쉽게 죽을 수가 없기 때문에 죽음의 교육학은 어쩔 수 없이 신성하거나 달콤한 거짓말의 요소도 포함하고 있다. 예를 들어, 전체의 행복을 위한 영웅적 자기 희생 같은 거짓말이다. 물론 위태로울 정도는 아니지만 사태가 심각하기는 하다. 달콤하며 존경받는 죽음의 호소가 과거 군사적으로 젊은이들을 향했다면, 이제 노인학적으로 노인들을 향하고 있다고 볼 수 있다.

그리고—사회·도덕적 압박이 충분하다면—1914년 그때와 비슷하게 순종적으로 그 호소에 따를 수 있을 것이다."[79]

실제 우리는 지난 세기를 섬뜩하게 반복하면서, 제1차 세계대전의 참호 속에서 군인들이 마주했던 집단적 죽음의 전선을 금방 다시 코앞에서 목격하게 될 것이다. 노인이 아주 많은 곳에서는 많은 사람들이 죽음을 생각한다. 노인이 아주 많은 곳에서는 많은 사람들이 죽음의 갑작스러움을 예상한다. 지그문트 프로이트(Sigmund Freud)는 1915년《전쟁과 죽음에 대한 고찰》에서 이렇게 말했다.

"우리의 무의식은 태곳적 인간과 마찬가지로 자신의 죽음을 상상할 수 없고, 타인에게는 살인의 충동을 느끼며, 사랑하는 사람에게는 모순적이다(상반된 감정이 공존한다). 하지만 죽음에 대한 관습·문화적 태도로 인해 우리는 이런 원초적 상태에서 너무나 멀리 멀어져버렸다. 전쟁이 이 갈림길에 어떻게 개입하는지는 쉽게 설명할 수 있다. 전쟁은 우리에게서 후대의 문화층을 털어내어 우리 안에 숨어 있는 원초적 인간을 등장시킨다. 전쟁은 다시금 우리에게 자신의 죽음을 믿지 않는 영웅이 되라고 강요하며, 타인은 죽여야 하는, 죽음을 희망해야 하는 적이라 부른다. 평화를 원하거든 전쟁 준비를 하라(Si vis pacem, para bellum). 이것을 우리 시대에 맞게 바꾸어보면 이렇다. 삶을 유지하고 싶거든 죽음을 준비하라(Si vis vitam, para mortem).”[80]

20세기의 양대 대전은 공간의 갈등이었다. 이제 우리의 전쟁은 시간의 갈등이다. 떠나지 않는 손님이 있다고 상상하면 될 것 같다. 떠날 시간이 다 되었는데도 가지 않는다. 그는 걸려 넘어지고, 사사건건 성가시고, 시간을 잡아먹는 집요한 괴물처럼 사방에서 불쑥불쑥 나타난다. 자기가 방해가 된다는 걸 자신도 잘 알고 있다.

도대체 가야 할 시간은 언제일까? 언제 자리를 털고 일어나 떠나주어야 예의에 어긋나지 않는 걸까? 달리 표현해보면, 이른 죽음이란 대부분의 서구 국가들의 규정처럼 65세 이전의 죽음을 말하는 걸까? 그 경계는 우리의 연장된 평균 수명과 어떤 관계가 있을까? 이른 죽음은 의학자들에게 어떤 의미가 있을까? 그리고 무엇보다, 제때에 죽는다는 건 무엇을 말하는 걸까?

앞으로 10년 동안은 제기되지 않을 질문들이다. 한동안은 이론적인 논쟁이 있을 수 있다. 하지만 — 영국에서 노인 환자의 수술을 중지하고 약품을 제한 배급하는 등[81] — 현재의 변화 추세는 노인 이미지의 문제가 우리의 생명과 죽음에 결정적인 영향을 미칠 것이라는 사실을 말해주고 있다.

로스톡의 막스 플랑크 연구소 소장 제임스 버펠이 우리 세대의 수명 연장에 관한 예언서를 하필이면 《무너진 경계》라는 제목으로 출판했을 때는 어쩌면 다른 책의 제목을 염두에 두고 있었을지 모를 일이다. 그 책은 다름 아닌 이미 1980년대 말에 출간된 다니엘 칼라한(Daniel Callahan)의 《경계를 정하다. 고령화 사회의 의학적 목표》다. 칼라한이 정한 경계는 예외 없이 시간의 경계이며, 그는 윤리나 문화사를 동원한 건 물론이고, 고령화 사회에서 노인들에게 투자할 재정이 부족하다는 사실로 자신의 냉혹한 주장을 정당화한다. 언제 죽어야 일찍 죽는 걸까? 칼라한은 일부는 생물학적이고, 또 일부는 문화적인 정의를 제안한다.

"그것은 인간에게 전형적이라 부를 수 있는 모든 일을 경험할 수 있기 전에 일어나는 죽음이다. 그 모든 일이란 일하고 배우고 사랑하고 자식을 키워 독립된 성인으로 만드는 것이다. 전체적으로 보아 나는 (69세인 사람으로서 말한다) 65세면 이런 목표에 도달하기에 충분하다고 믿는다. 비록 대부분의 사람들이 그보다 더 오래 살고 싶겠지만 말이다."[82]

85세의 노인에게 인공 엉덩이를 이식하는 것이 과연 의미가 있는가를 두고 독일에서 논쟁이 벌어졌던 적이 있다. 죽을 병에 걸린 환자를 치료해 그들의 생명을 억지로 붙잡아두는 것이 무슨 의미가 있을까? 더 통속적으로 말해 노인들에게 치과 치료가 무슨 의미가 있을까? 한 젊은 정치가가 이런 도발적인 질문을 던졌다. 많은 사람들이 분노했지만 그 분노는 이상하게도 의례적인 느낌을 주었다.

우리가 대답해야 할 건 이 젊은 정치가의 질문이 아니다. 여기서는 다윈주의가 말을 했다. 생물학적 세계를 설명하는 우리의 모델이 지난 150년 동안 배출된 위인들─다윈, 마르크스, 프로이트─중에서 살아남을 만큼 위대한 승자는 다윈뿐일 것이다. 자유시장의 이론과 수요 공급의 이론은 버리고 싶고, 또 버릴 수도 있지만 다윈의 이론은 그럴 수가 없다. 오스발트 슈펭글러(Oswald Spengler)는 공격적이긴 하지만 적확한 진단을 내려 다윈의 이론이 그 핵심에서 경제적 원칙을 생물학으로 전이시켰다고 확인했다. 오래전 생물학에 대한 우리의 지식은 경제학의 지식과 녹아들었다. 오래전부터 우리는 인간의 신체를 기계로 보고 있다. 다윈의 전기작가 제프리 웨스트(Geoffrey West)는 이렇게 말한다.

"기계의 시대, 다윈은 유기체에 대한 기계론적 이미지를 구상했다. 그는 인간의 생존 투쟁과 자연의 투쟁을 유사하게 보았다. 탐욕적인 세습 귀족의 사회에서 그는 탐욕과 세습을 1차적 생존 덕목이라 주장했다."[83]

때문에 노인이 된 우리의 수선 가능성은 한 젊은 정치가나 69세의 미국 윤리학자만의 고민거리가 아니다. 그것은 자연 자체의 반대 심문이다. 앞으로 몇 십 년 동안 영원한 죄의식처럼 우리의 귓전에 윙윙거릴 반대 심문인 것이다.

새 천년, 우리는 양측에서 압박을 받고 있다. 노화되고 있는 신체의 압박, 그리고 고령화 사회의 경제적 압박이 그것이다. 늙어가는 신체는 점점 더 수선의 유용성 여부를 자신에게 불리한 쪽으로 판단할 것이다. 사회 역시 손익 계산을 할 것이다. 그것도 당신이 더 이상 치유해주지 않는 자연의 손을 떠나 사회의 손으로 걸어가려고 하는 바로 그 시점, 즉 70세나 80세가 되어서 말이다.

이런 불길한 '사회'가 과연 누구일 것인지, 이젠 터놓고 이야기하자. 그건 젊은이들이다. 우리보다 강한 자들이다. 출생연도 앞에 '2'를 붙이게 될 사람들이다. 우리보다 숫자는 적지만 힘은 더 셀 것이다. 그들은 우리의 유전질을 몸에 담고 다닐 것이며, 우리의 유산까지 노릴 것이다. 이제 노인이 될 베이비붐 세대가 한때 자본주의 부모들을 마르크스와 엥겔스로 혼란에 빠뜨렸다면, 내일의 젊은이들은 다윈주의를 발견하게 될 것이다.

정신적 노화

노화의 과정은 가치 중립적으로 판단할 수 있다. 우리는 잘못한 것이 없다. 얼굴의 주름,
백발과 신체의 질병은 형벌이 아니다.

Das Methusalem-Komplott

우리 사회는 더 이상 노소의 이동, 건강과 질병, 어리석음과 지
혜의 이동은 존재하지 않는다. 삶은 상품의 생산처럼 세 부분—
젊음, 직업, 고령—으로 나뉜다. 그리고 이것들은 서로 아무런 관
련이 없다.

때문에 우리는 살아가면서 다른 사람으로 교체되는 듯한 느낌
을 가지게 된다. 인간의 신체를 장악한 에일리언처럼 갑자기 사람
안에 다른 사람이 숨어 있는 것이다. 변덕스럽고 삭막하고 탐욕스
럽고 지치고 병든 인간. 학자들의 연구 결과는 이런 공포의 카탈
로그들을 리스트로 끝없이 채워놓았다.

전문 서적을 보면, 나이가 들면 성장하는 뇌의 용량을 오감에
투자해야 한다고 한다. 잘못 보고 잘못 듣는 걸 그렇게 보상해야

한단다. 때문에 젊은이들이 보기엔 노인들이 유유자적하고 까다롭고 느려 보이는 것이다.[84)

베이비붐 세대는 호르몬을 통해 사회를 여러 차례 변혁시켰다. 사춘기 때, 중년의 위기 때, 그리고 이제 곧 다시 한번. 이번에는 호르몬이 아니라 뇌파다. 뇌파가 변할 것이다. 두뇌 연구가 21세기 초의 대체 철학이 된 건 우연이 아니다. 볼프 징거(Wolf Singer)에서 게르하르트 로트(Gerhard Roth)에 이르기까지 인간의 사고 기관을 찾아다니는 여행자들이 발언권을 행사하고 있다.

노인의 수가 증가하고, 노인을 나쁘게 생각하는 사회에서 '마지막 질문들'이 전혀 새로운 권력을 발휘하고 있는 건 분명하다. 우리는 어디서 왔는가? 어디로 가는가? 그 이유는 무엇인가? 25세 때 인생의 의미를 고민하는 건 정신적 사치였다. 하지만 다수가 50세를 넘긴, 그래서 주관적인 여생이 30년밖에 남지 않은 사회에서는 사치품이 생필품이 된다. 이런 다수의 다수에겐 남은 여생이 고통과 질병, 고독과 쇠약, 정신박약과 죽음 같은 인간의 원초적 공포와 체념으로 깊이 물들 것이기 때문이다.

노인은 두 번 짓밟힌다. 노인에 대해 떠돌고 있는 편견과 말들, 그들을 사회에서 내모는, 그저 생물학적 종의 일원으로만 규정하는 편견 때문에 짓밟히며, 또한 실제 전체적으로 진행되고 있는 죽음으로 끝나게 될 노화 과정에 의해 짓밟힌다. 그래서 21세기에는 벌거벗은 삶이 바로 정치가 된다고 이탈리아의 철학자 조르지오 아감벤(Giorgio Agamben)이 말했다.[85]

노화는 정치가 될 것이다. 노화는 여론 조사, 선거 프로그램, 마케팅을 위한 유용한 정보가 될 것이다. 수없이 다양한 종류의 노인들이 존재할 것이다. 이미 몇 년 전에 마케팅 전문가들은 노인 집단을 젊은 노인, 중년 노인, 신참 노인, 고령의 노인으로 구분했다.[86]

노화의 신 생물학

2000년 크리스마스를 앞둔 어느 날 밤, 베이비붐 세대의 전형적인 대표가 미국의 밤하늘을 올려다보며 혼잣말을 중얼거렸다. 《뉴욕 타임스》의 필자이자 저명한 과학기자인 스티븐 S. 할(Stephen S. Hall)이었다.

"쉰 번째 생일이 얼마 남지 않은 날이었다. 내겐 소망이 있었다. 우리 세대의 소망이 대부분 그렇듯 이타적인 가짜 소망들이. 그 순간 내가 말하고 싶었던 건 바로 이것이었다. 우리 모두를 오래오래 살게 해주십시오. 우리는 아직 준비가……. 비록 혼잣말을 하고 있었어도 차마 그 다음 말은 입 밖으로 내뱉을 수 없었다.

그날 나는 태곳적 의식을 반복해 밤하늘을 바라보며 무심한 신들에게 탄원서를 보낼 준비를 했었다. 지금도 그때와 비슷한 느낌이다. 한 세대 전체가—죽어야 할 운명임을 이해하지 못하는 한 세대가—일종의 소비자 공동 진정서 같은 탄원서를 자연에게 보낼 수밖에 없다는 느낌이다. 나는 베이비붐 세대의 이름으로 말한다. 미국 한 나라에서만 7,500만 명에 달하는 그 세대의 이름으로, 전 세계 산업 국가의 모든 형제 자매들의 이름으로 말한다. 이들은 자신의 탄원서를 아주 특별한 것으로 생각하는 세대이며, 어쩌면 그 어떤 세대보다도 기도가 효력을 발휘하기를 간절히 바라는 세대다."[87]

이 세대의 기도를 이야기하지 않고서는 노화에 대한 새로운 학문을 이야기할 수 없다. 그래야만 우리가 매일 부딪치는 모순적인 상황을 이해할 수가 있다. 노화는 사회의 눈으로 보면 비싸고 비생산적이지만, 더 오래 살기 위해 우리가 못할 짓은 없다. 노화는 전 세계가 겪게 될 미래의 문제다. 늘어난 평균 수명은 문제를 첨예화한다. 그리고 우리는 매일 수명 연장의 새로운 성공 사례를 보도하는 학자들의 소식을 듣는다. 박테리아, 파리, 벌레, 사방에서 므두셀라들이 버섯처럼 솟아나고 있다. 유명한 다프 2 유전자는 복제할 경우 작은 벌레의 수명을 6배나 연장시킬 수 있다. 쥐의 경우 이미 평균 수명이 아니라 생명의 기간 그 자체를 조절할 수가 있다.[88] 학자들은 이론적으로 이제 인간은 700세까지 살 수 있다고 말한다.

우리 모두는 이론을 정치적 내용에 따라 평가하는 경향이 있다. 마르크스주의가 뭔지, 1968년의 학생들이 마르크스주의로 무엇을 원했는지 모두가 말할 수 있다. ATTAC(시민지원을 위한 국제금융거래 과세연합, 대안적 반세계화운동의 기수— 역주)과 반세계화 운동이 무엇을 불러오는지도 우리는 잘 알고 있다. 하지만 지난 몇 년 동안 그런 종류의 이론들은 더 이상 관심을 끌지 못했다. 이론이란 것이 현실과는 거리가 먼 것이며, 철학의 세계 구원이라는 거창한 기도보다는 사실의 힘이 더 강하다는 것을 다들 알아버렸기 때문이다. 특히 베이비붐 세대의 핵심을 형성하는 사람들, 1960~1970년대에 정치화·저항화·이론화되었고, 그들보다 조금 더 젊은 우리의 신경을 상당히 거슬리던 세대들이 그랬다. 1970년대 초에 제작된 아주 유명한 영화에서 한때 정치적 성향을 지닌 68세대의 대부로 손꼽히던 철학자 장 폴 사르트르(Jean-Paul Sartre)가 절친한 공산주의자 친구 폴 니잔(Paul Nizan)의 답사 여행에 대해 이런 이야기를 한다.

"그가 러시아로 간 건 혁명이 끝났으니 이제 사람들이 죽음을 두려워하지 않는지, 죽음이 부차적인 것이 되어버렸는지 알고 싶어서였다. 군중 속에서 무언가를 하고 있고, 그것이 모두에게 유용한 일이며, 다른 사람이 자신을 따라 동일한 일을 할 것이라는 사실을 알고 있는 인간은 스스로를 대중의 일부로 생각할 것이라며, 그러니까 죽음도 과거와 똑같은 방식으로 생각해야 할 필요가 없을 것이라 믿었기 때문이었다."

하지만 답사는 실망으로 끝나고 말았다. 집으로 돌아온 폴 니잔은 사르트르에게 이렇게 말했다. "아니, 이 시점엔 아니야. 거긴 아무것도 할 게 없어. 그들은 하나도 안 변했어."

우리는 베이비붐 세대 중 몇몇이 마르크스주의가 아니라 생물학으로 이동했다는 것을 간과했다. 사실은 인간의 생존 의지보다도 더 강한 걸까? 적나라한 생존이 달린 경우라면 딱딱한 사실 따위는 가루로 변하지 않을까? 확신할 수 있는 영생의 이론이 있다면 사실은 부서져버리지 않을까?

1940년대 중반 유전병 연구에서 출발한 이 이론은 대다수가 관심을 갖지 않았어도 계속 발전했다. 그때 대부분의 사람들은 지금처럼 50세나 60세가 아니라 겨우 20세이거나 30세였다. 50년 전이었다면 노화를 멈추거나 지연시키거나 제거할 수 있다는 생각은, 성실한 학자들에게 무모하고 비합리적이라는 비난을 받을 것이다. 하지만 지금은 노화를 적어도 지연시킬 수는 있다는 주장에 대해 미쳤다고 생각할 사람은 없다. 수십 억의 자금이 바로 이 문제의 연구에 흘러 들어가고 있다.

"약 15년 전까지만 해도 노화의 원인 연구는 생물학의 주변을 얼쩡거리는, 상당히 미심쩍은 주제로 취급받았다. 한 이론의 발전이 이 모든 상황을 뒤바꾸어놓았다. 노화의 진화론은 실제로 무언가를 밝혀내었고, 그것에는 위대한 사상적 아름다움이 담겨 있다."[89]

20세기에 영생이나 노화의 지연을 연구하는 건 미친 짓이었다. 그러나 21세기에는 더 이상 미친 짓이 아니다. 그리고 이 두 문장은 우리가 살게 될 세계로의 이행을 설명하고 있다.

2001년, 별을 보며 탄원서를 작성했던 한 고독한 베이비붐 세대는 영생을 찾아 길을 떠났다. 조사로 시작했던 것이 '순례 여행'이 되어버렸다. 3년 동안 스티븐 S. 할은 노화와 노화의 지연을 연구하고 있는 저명한 학자들을 모조리 찾아다녔고, 실험실을 조사하고 실험을 관찰했고, 조혈세포 연구에 관해 미국 정부와 토론을 벌였으며, 신학자 및 철학자들과 논쟁을 벌였다.[90] 1951년생인 할은 이 순례 여행을 거치면서 영생은 아니더라도 노화를 지연시킬 기술을 가장 열렬히, 가장 소란스럽게 찾고 있는 사람들이

다름 아닌 베이비붐 세대라는 사실을 알게 되었다.

　이 세대는 포기하지 않는다. 유럽에선 곧 지쳐버릴지 몰라도 미국에선 앞으로 몇 십 년 동안 사회에서 실패했던 혁명을 과학에서 성공하기 위해 노력할 것이다. 한 세대의 소망을 지나치게 과장하고 있다고 생각하는가? 아니다. 이 세대는 몇 십 년 동안 가족과 직장, 이혼에 신경을 쓰고, 마지막으로 신 경제에 관심을 쏟은 후 이제 막 두 번째로 눈을 뜬 것 같다. 풀밭에 앉아 눈을 비비면서 자신들이 늙어가고 있다는걸, 늙을 것이라는 사실을 이제야 알아차린 듯하다. 21세기 연금술적 동경의 주인공 할은, 그가 어떻게 별이 빛나는 밤하늘을 쳐다보며 길을 나섰는지 이렇게 설명한다.

　"노화의 아마추어로서 나는 내 보증 기간이 끝나기 시작했다는 사실을 알았다. 엄격한 진화론적 개념으로 생각하면 나는 이제 막 내 종을 위해 할 수 있는 생물학적 유용성을 넘어섰다. 나는 나의 유전 안전 스위치가 이제 곧 작동하지 않으리라는 걸 알고 있었다. 자연의 선별은 우리가 번식하기에 충분할 만큼 살았다면, 우리에겐 더 이상 관심이 없다. 진화는 이상한 배다. 언젠가는 종의 각 구성원들을 갑판 너머로 내던질 거면서 종의 생명을 유지하기 위해 어두운 강을 영원히 떠가고 있다."[91]

노화란 신체 내부의 중요한 수선 과정을 중지하기로 결정했다는 뜻이다. 왜 그럴까? 수선이 더 이상 가치가 없기 때문이다. 때문에 세포가 노화하고 죽는 것이다. 따라서 노인은 사회에서 겪고 있는 일을 자기 신체에서도 겪고 있다. 너무 비용이 많이 들기에 서서히 생물학적 부채의 수렁 속으로 더 깊이 들어가는 것이다. 원하는 대로 다 해주던 1등급의 귀한 손님이, 떨어지지 않으려고 발버둥쳐도 결국 갑판 너머로 던져버리는 가짜 손님으로 변하는 것이다.

부채를 졌다는 느낌, 속죄해야 한다는 느낌은 많은 노인들에게서 발견되며, 의심의 여지 없이 우리 종교의 생물학적 기초 같은 것이다. 노화는 죽을 운명이며, 자신이 죽을 운명이라는 것을 아는 건 형벌이다. 자연은 에덴 동산에서 아담과 이브를 추방해 죽게 만들었던 신처럼 엄하다. 자연은 노화를 참지 않는다. 자연이 노화를 허락한다면 그건 극도로 마지못해 일어나는 일이다. 야생에서 늙은 동물은 존재하지 않는다. 그 전에 잡아먹히거나 병들어 죽거나 사고로 죽는다. 자연의 환경을 떠나 보호받는 지대로 옮겨온 동물들만이 늙는다. 인간이 늙듯이 그들도 늙는다. 동물원마다 백발이 된 곰이 있고, 엉덩이 관절에 문제가 생긴 말이나 관절염에 걸린 늑대가 있다.

새 천년이 시작된 직후 영원한 젊음과 장수를 약속하는 허황된 주장들이 봇물처럼 쏟아져 나왔다. 보다 못해 세포 및 노화 연구 부분에서 이름 있는 52인의 생물학자들과 의학자들이 마침내 특이한 행보를 결심하기에 이른다. 그들은 이런 글을 발표했다.

"안티에이징(Anti-Aging) 의학의 대변인들은 기존의 의약품과 방법으로 노화 과정을 늦추고 정지시키거나 되돌릴 수 있다고 주장하고 있다. 그런 식의 주장은 수천 년 전부터 있어왔지만, 그 옛날에 그랬듯 오늘날에도 진실이 아니다. 노화의 흔적은 지울 수 있지만, 노화 그 자체를 지울 수는 없다."

미국 안티에이징 의학 아카데미의 답변은 이러했다.

"간단히 말해 죽음을 숭배하는 노인학자들은 노화란 자연현상이며 피할 수 없는 것이라는 신성한 믿음을 가르치려 지금도 절망에 찬 몸짓을 계속하고 있다. 하지만 경제적 지원을 잃고 싶지 않아 현상에 집착하는 권력 엘리트들을 무찌르고…… 언젠가는 노화를 중단시킬 방법의 진실이 인정받는 날이 올 것이다…….[93]

늙은 생명체는 자연에게 아무런 소용이 없다. 노화에 대한 단한 가지 정의만이 '자연스럽다'. 번식할 수 없는 건 늙어 죽어야한다.[92] 노화하는 존재를 위해 더 이상 유전될 수 없는 복잡한 수선 메커니즘을 개발하는 것이 자연에게 무슨 이득이 있을 것인가? 그건 무의미하며, 유전될 수 없기에 당연히 불가능하다. 유전시키지 않는 생명체는 자연의 비경제적 투자다.

불멸을 찾아서

지금까지 성공한 생명 연장의 방법은 단 하나뿐이다. 그것도 초파리나 벌레에게서 발견한 방법이다. 동물을 굶기면 ― 칼로리 섭취를 줄여 유해활성산소의 유입을 3분의 1로 줄이면 ― 훨씬 오래 산다. 2003년 초 《사이언스》는 파리의 생명 연장을 위해 파리를 일생 동안 굶길 필요는 없다는, 독자들을 안심시키는 연구 결과를 발표했다. 파리가 생명이 끝날 무렵에 가서만 굶기 시작해도 효과가 나타난다는 것이다. 거꾸로 말해 특수 다이어트를 한 파리들이 다시 정상 음식을 먹을 경우 사망률이 다시 정상 수준으로 돌아간다. 반대로 정상 초파리에게 다이어트를 시키면 이틀 후면 벌써 연장된 평균 수명이 파리의 평균 수명에 해당한다.[94]

수많은 다른 문제들은 물론이고 우리의 생물학적 노화까지 굶주리는 드로소필라(Drosophila) 파리한테 떠넘겼다는 사실이 흥미롭지 않은 것은 아니다. 젊음과 성숙, 노화, 한마디로 생명의 기한에 대한 우리의 생각은 여전히 석기시대의 충동을 따르고 있고, 그 결과 우리 사회와 우리 주변 사람들은 황폐화되고 있다. 그리고 이렇게 힘들여 우리가 생각을 고치고 있는 동안 3밀리미터 크기의 작은 파리 수십 억 마리가 다음 혁명을 준비하고 있다.[95]

절대 '그 정도까지' 늙고 싶지는 않다는 우리의 주장, 영생에 대한 우리의 소란스러운 혐오, 젊은이들을 위해 노인들이 사라져 주어야 한다는 용감한 외침. 노인들이 자신의 존재를 서둘러 변명하기 위해 사용하는 이 모든 예방조치들이 자연과학 연구의 돌 바닥 위에서 위선의 정체를 드러내고 있다.

우리는 많은 사람의 노화를 우려하면서도, 생명 연장의 목표를 위해 엄청난 돈을 들여 엄청난 숫자의 초파리들을 실험하고 있다. 초파리뿐이 아니다. 다른 동물들도 이용한다. 얼마 전 한 연구팀이 다른 방법을 이용해 회충의 생명을 20일에서 124일로 연장하는 데 성공했다. 이 날짜를 인간에게 적용시켜보면, 인간의 평균 수명을 500세까지 연장할 수 있다는 의미가 된다.

하지만 결과만 보고 흥분해 당장 다음 세기의 계획을 세우기 전에, 먼저 생명 연장을 위해 회충들이 지불한 대가를 알아야 한다.

"죽지 않은 벌레들은 삶의 초기에 인슐린 대사를 급격하게 하향 조정하는 다양한 종류의 유전 기술적 처치를 당했다. 몇 시간에 해당하는 한창 나이에 이미 복잡한 성기를 제거했다. 거세되어 불임의 상태가 되지만 영원히 젊음을 유지하는 것이다."[96]

앞으로 몇 년 간 우리는 굶주리는 초파리 처세꾼들의 소식을 자주 접하게 될 것이다. 이 순간 이들이 인간 생명 연장 프로젝트의 정보요원인 셈이다.[97] 하지만 굶어 죽기 직전의 생명은 만족이 아니다. 굶주리는 쥐의 연구 결과를 보고 일생 동안 굶기로 작정한 인터넷 사용자 그룹 www.infinitefaculty.org는 그레고리 스톡(Gregory Stock)의 보고대로 인터넷 전체에서 가장 마음에 안 드는 사이트이다.[98]

우리도 그렇듯 자연은 보상을 바란다. 그리고 그 보상이란 다름 아닌 번식이다. 돈을 은행에 저축하는 사람은 그 돈이 증식되기를 바란다. 자연처럼 유전자를 생명체에 심는 사람 역시 그것이 증식하기를 바란다. 자연은 냉정하게 생명체에게 투자한다. 보상(번식)이 제대로 돌아오지 않을 경우 당장 투자를 중지한다. 진화가 노화를 이용해 아주 비열한 계획을 실행에 옮기는 것이 아니다. 자연은 은행가가 '스타트 기업' 한테서 기한이 지난 자금을 환수하는 식의 형벌을 내리지는 않는다. 자연은 이윤 추구 이외엔 그 무엇도 추구하지 않는다. 목적이 이처럼 명확하기 때문에 노화의 과정은 가치 중립적으로 판단할 수 있다. 우리는 — 종교나 철학의 가르침과 달리 — 잘못한 것이 없다. 얼굴의 주름, 백발과 신체의 질병은 형벌이 아니다. 아무것도 의미하는 것이 없다. 그것들은 그저 자연이 이제 더 이상 늙어가는 생명체에게 관심을 가지지 않는다는 증거에 불과하다.

진화생물학자들은 이런 자연의 무관심을 자동차의 예를 들어 설명한다. 자연은 우리를 더 이상 수리하지 않는다.

"우리의 자동차는 늙어 죽어야 하지만 우리는 많은 돈을 지출해 피할 수 없는 자동차의 운명을 연기한다. 그와 비슷하게 우리는 무의식적이긴 하지만 지속적으로 우리 자신을 수리하기 위해 노력한다. 분자에서 조직을 거쳐 전체 기관에 이르기까지 모든 차원에서 말이다."

현대 최고의 독창적인 생물학자 제러드 다이아몬드(Jared Diamond)의 말이다.

우리의 신체가 등한시하는 건 수리만이 아니다. 수리를 하면서도 자꾸만 실수를 저지른다. 그러다 언젠가 신체는 붕괴될 것이고, 우리는 찰리 채플린의 《모던 타임스》에 나오는 작업장꼴이 될 것이다. 톱니바퀴들은 헛바퀴를 돌고, 주변은 온통 엉망진창이 되어버린다.

스티븐 S. 할이 영생을 향한 순례 여행길에서 찾아다녔던 모든 산업체와 모든 실험실, 현미경을 통해 관찰해 보았던 모든 태아의 조혈세포와 학자들과 나누었던 모든 대화……. 50년 전만 해도 이 모든 것들은 이론적 기반의 부족으로 말도 안 되는 상상에 불과했다. 데이비드 젬스(David Gems)는 이렇게 말한다.

"바이오 노인학자들이 관계를 맺고 싶어하는 건 염소의 고환이나 요구르트 다이어트가 연상시키는 분야가 아니라 과학 연구다."

신체와 자동차의 비교는 우리 머릿속에 오래전부터 터를 잡고 있었고, 우리는 앞으로도 그것을 머리에서 쫓아내지 못할 것이다. 훗날 우리가 살게 될 사회는 인간의 신체를 수리 가능성 및 유용성의 관점에서 본 부품 창고로 생각하게 될 것이다. 아무리 말솜씨가 좋은 재주꾼이라도 자신의 노화 과정에 대해선 품위 있는 적절한 이미지를 찾아내기가 힘든 모양이다. 미국의 서정시인 찰스 시믹(Charles Simic)은 이렇게 말한다.

"지금 난 예순한 살이고, 내가 마치 주행거리가 30만 킬로미터나 되는 자동차가 된 듯한 느낌이 자주 든다. 엔진은 터덜거리고 난방은 꺼지지 않고 차체는 녹이 슬고 좌석 쿠션은 얼룩지고 찢어지고 와이퍼는 말을 안 듣고 배기 장치엔 구멍이 뚫리고 차에선 기름이 샌다. 주치의가 걱정 말라고 한다. 혈압이 높고 당뇨 낌새가 보이고 귀가 잘 안 들리긴 하지만 아주 좋은 상태라고 한다. 날이 갈수록 의사의 말투가 사고난 자동차를 다시 운행할 수 있게 만들어야 하는 중고 자동차 매매상을 닮아간다. 하지만 어쩔 것인가? 나는 귀 얇은 고객처럼 그의 말에 귀를 기울이고 진찰이 끝나면 즐거운 마음으로 명랑하게 노래를 흥얼거리며 배기 가스의 구름 속에서 달려간다."

노벨상 후보감인 찰스 시믹 같은 시인조차도 자기 신체의 노화를 자동차 수리에 비유하는 것이 아주 당연해 보인다. 실제 노화의 진화 이론은 역사가 아주 짧다. 베이비붐 세대가 대량으로 노화되면서 좀더 오랜 수명, 나아가 영원한 생명의 희망을 주기 위해 주문된 듯한 인상을 줄 만큼 역사가 길지 않다.

므두셀라 세대

인간의 사망률이 고령에 이르면 다시 감소한다는 놀라운 발견은 인생 계단의 이미지를 바꾸어놓았다.

2003년 가을, 미국 잡지 《디스커버(Discover)》는 100세 생일 잔치를 계획하는 노인의 수가 점점 늘어나고 있다고 보도했다. 그런 약속은 고대 사회나 우리 사회가 주장하듯 오만이나 과대망상이 아니다. 21세기의 노화를 유익하게 만들 수 있는 유일하게 현실적인 방법이다. 태양이 지구를 도는 것처럼 보이지만 실제로는 그렇지 않다는 걸 배워야 했듯, 인간은 노화가 퇴화의 과정이자 영원히 결정된 과정이 아니라는 사실을 배워야 한다.

우리는 이런 직선적 관념을 버리고 노화를 퇴화의 과정이 아니라 기본적으로 심리·사회적 노인 이미지에 의해 그 범위가 좌우되는 파도 운동으로 보는, 보다 복잡한 모델을 택해야 한다. 절대적인 퇴화라는 자기 암시적 공식은 어쨌든 우리의 노화가 진행될 향후 30년 동안 사라지게 될 것이다. 2001년 초 미국 국립 노화 연구소는 미국 노인의 "장애가 급감했다"는 보도를 한 적이 있다. 학자들은 전형적인 노인 증상으로 생각되던 쇠약 증상의 감소 정도에 크게 놀랐다. 하지만 그보다 더 관심을 끈 건 감소의 속도였다. 예상하지 못했던 평균 수명의 연장과 같이 가는 가속화였다.[99] 물론 이런 곡선의 변화가 불멸로 이어지지는 않을 것이다. 아직까지는 생명의 경계선이 자꾸만 연기될 것이라는 보장도 아니다. 그동안의 영양 및 위생 조치들이 이제야 결실을 맺은 20세기의 '보답'인지도 아직은 확실하지 않다. 하지만 이런 과정이 중지되지 않고 계속 가속화될 것이라는 예상은 모든 자료들의 한결같은 결론이다.

몰락의 논리가 의심을 받게 된 건 90세가 된 인간이 100세가 될 확률이 높다는 사실 때문이기도 하다.

이런 정황들로 미루어보건대, 평균 수명이 한계에 부딪칠 것이라는 증거가 없다는 제임스 버펠의 말을 인정할 수밖에 없다. 85세 이상을 산 사람은 100세 이상 살 확률이 아주 높다.

1969년 리처드 고트(Rochard Gott)라는 이름의 아홉 살 소년이 베를린 장벽을 찾아가 보았고, 얼마 후엔 영국의 스톤헨지도 찾아갔다. 그로부터 몇 십 년이 지나 프린스턴 출신의 유명한 천

문 물리학자가 된 그는 그 당시의 기억을 1993년 《네이처》지에 발표한 그의 생존 이론에 활용했다. 단순하지만 설득력이 있는, 하지만 수학적으로 극도로 복잡하게 설명한 그의 관찰 내용은 이랬다. "충분히 오래 산 것은 그렇지 않은 모든 것들에 비해 더 오래 살 확률이 점점 더 높아진다."

리처드 고트의 주장이 옳다는 것을 입증해준 건 베를린 장벽이나 스톤헨지만이 아니었다. 브로드웨이를 보아도 리처드 고트의 정당성을 확인할 수 있다.

"그는 특정한 날(1993년 5월 27일)에 브로드웨이에서 공연된 모든 작품과 뮤지컬의 목록을 작성했다. 그리고 그 작품들이 얼마나 장기간 프로그램에 올라와 있었는지를 조사했다. 이것을 기초로 해 그는 장기 공연된 작품들이 가장 오래 살아남을 것이라고 예언했다. 〈캐츠(Cats)〉는 이미 16년 6개월 동안 공연 프로그램에 올라 있었고, 앞으로 7년 이상 브로드웨이에서 공연될 것이라 예상했다. 한 달을 채 못 넘긴 나머지 작품들은 대부분 몇 주 안에 사라져버렸다."[100]

우리 사회에 100세 노인들이 놀랄 정도로 증가하고 있다는 사실은 노화를 순수 퇴화 과정으로 보는 우리의 관념을 어느 정도까지 과학적으로 반박하고 있다. 100세에 근접한 사람은 사망률이 놀랄 만큼 줄어든다. 이건 새로운 사실이 아니다. 아주 오랫동안 생존한 자동차는 갑자기 가치가 높아지고 절대 사라지지 않는다. 자동차 수집가들에게 있어 그런 구형 모델들이 가지는 의미는 우리 사회의 100세 노인들이 가지는 의미와 같다.

노화는 최근까지 우리가 생각했던 것보다도 훨씬 다의적이다. 어쨌든 죽음에 이르는 병일 뿐 아니라 생존으로 가는 병이기도 하다. 일련의 질병들은 고령이 되면 진척 속도가 느려지거나 오히려 호전된다. 과학자들은 일생 동안 가파르게 상승하는 암의 위험도가 고령이 되면 줄어든다는 사실을 이미 확인했다. 암의 증식이 — 아마도 전체 생리학적 과정의 속도가 느려지면서 — 현저하게 지연되는 것이다.[101] 노화는 암과 기타 질병들을 가속화시키지만, 고령에 이르러서는 다시 위험을 줄여줄 수 있다. 90세의 노인이 80세 노인보다 더 건강하고 창의적이며 더 젊을 수 있는 것이다. 인간의 사망률이 고령에 이르면 다시 감소한다는 지난 몇 년간의 이런 놀라운 발견은 인생 계단의 이미지를 바꾸어놓았다. 많은 사람들이 인생 계단의 마지막 부분에 와서 갑자기 다시 한번 살짝 위로 올라가는 것이다.

한국에서도 최근 초고령자, 특히 '백세인'으로 대표되는 초장수인들의 급증 현상으로 인구 문제에 대한 보다 적극적 시각을 요구하고 있다. 일본의 경우, 백세인이 1998년에 1만 명을 돌파했다가 2000년에 1만 5천 명으로 늘어났으며, 한국의 경우도 1995년에 5백여 명이 넘었으나 1998년에는 1천 명을 넘고 2000년에는 2천 명을 넘었다는 통계자료를 통해 백세인으로 대표되는 초장수인들이 급증하고 있음을 보여주고 있다(최성재, 2001).

이러한 백세인 현상은 과거 인류 역사상 상상할 수도 없는 미증유의 대변화다. 따라서 노인에 대한 기존의 개념, 특히 종교 · 사회 및 문화적 측면에서의 획일적 또는 보수적인 판단 기준으로는 도저히 해결할 수 없는 충격이다.

이런 현상은 여러 차원에서 입증된 고령 노인들의 느낌과도 일치한다. 나는 살아오면서 100세 노인들을 몇 사람 만났는데, 이들 중에는 일생 동안 모험적이고 관념적인 삶을 살아온 사람들이 있었다. 철학자 한스 게오르크 가다머(Hans Georg Gadamer)와 작가 에른스트 융거(Ernst Jünger)는 100세가 온갖 계획을 세우는 건 물론이고, 5년 전보다 훨씬 몸 상태가 좋아진 느낌이 든다고 했다.

우리가 말하는 건 21세기 초의 진단과 설명과 기대다. 다시 말해 1919년에서 1930년 사이에 태어난 노인들의 진단과 설명과 기대다. 2020년~2030년이 되면 생물학 · 의학 · 인구 통계학적 조건이 지금보다 훨씬 유리해질 가능성이 거의 확실하다. 아직까지는 80세에서 100세 — 모든 인간이 자동적으로 적극적인 삶의 시간에서 물러날 시기 — 까지 살아남을 확률은 아주 미미하다.[102] 하지만 지난 20년 동안 그 숫자는 180퍼센트 이상 증가했고, 그 원인도 20세기 초처럼 전염병과 싸워 이겼기 때문이 아니다.

제임스 버펠과 다른 학자들의 인구 통계학적 진단이 엄청난 양의 폭약을 숨기고 있는 이유도 바로 그 때문이다. 고령에 이르면 사망률이 떨어진다는 그의 해석이 맞다면, 현재의 생명 곡선을 바라보는 시각이 엄청나게 바뀔 것이다.

번식 없는 불멸은 진화의 눈으로 보면 무의미하기 짝이 없는 기획이다. 현세의 시간은 혼성의 시간이다. 티토노스가 영생을 선사받았지만 젊음, 다시 말해 번식의 능력은 선사받지 못한 이후 젊음 없는 장수가 저주라는 것은 의심의 여지가 없다. 우리가 살아 있는 동안 기다려봐도 좋을 수많은 의학적 사건 중에서 아마 상당수가 노화의 과정과 관련이 있을 것이다. 결국 노화 그 자체를 막을 수는 없지만, 의학과 유전 기술을 통해 생명의 시간은 현저히 연장될 수 있을 것이다.

우리가 작성한 인구 통계 시나리오들이 과학적 발견과 의학적 발견을 계산에 넣지 않았다는 사실은 우리가 결코 가장 극단적인

〈표 9〉 전체 인구 중 100세 노인의 수

(단위 : 백만 명당)

	1960년 1월 1일		1990년 1월 1일	
	전체 100세 노인 수	백만 명당 100세 노인 비율	전체 100세 노인 수	백만 명당 100세 노인 비율
오스트리아	25	3.5	232	29.8
벨기에	-	-	474	48.1
덴마크	19	4.1	323	62.8
영국 & 웨일즈	531	11.6	3,890	76.3
이스트랜드	-	-	42	26.7
핀란드	11	2.5	141	28.3
프랑스	371	8.1	3,853	67.9
(서)독일	119	2.2	2,528	40.0
아이슬랜드	3	17.0	17	66.7
아일랜드	-	-	87	24.8
이탈리아	265	5.4	2,047	35.5
일본	155	1.7	3,126	25.3
네덜란드	62	5.4	818	54.7
뉴질랜드	18	7.6	198	59.2
노르웨이	73	20.4	300	70.7
포르투갈	-	-	268	27.2
싱가포르	-	-	41	15.2
스웨덴	72	9.6	583	68.1
스위스	29	5.4	338	50.4
14개국	1,753	5.3	18,394	45.1
19개국	-	-	19,306	44.3

출처 : 베이노 카니스토 : The Advancing Frontier of Survival,
막스 플랑크 연구소, 1996

예측을 선택하지는 않을 거라는 기대를 갖게 해준다.[103] 의학과 유전자 연구가 생명을 연장시키거나 노화의 과정을 지연시킬 수 있는 개연성은 적어도 그 효과를 우리가 살아 있는 동안 기대할 수 있을 정도로 크다.

노인병이 20세기 초 유아 및 산모 사망률과 비슷하게 줄어들 수 있다는 예측을 입증하는 증거들이 날로 늘어나고 있다. 심지어 그레고리 스톡은, 닉슨(Nixon)이 한때 암을 정복하겠다고 선전포고를 했듯 노화를 상대로 전쟁을 해야 한다고 주장하고 있다.

"노화를 지연시키거나, 나아가 몇 가지 핵심 측면들을 되돌릴 수 있는 현재의 전망은 상당히 좋다. 어쨌든 학자들의 노력은 돈키호테의 헛수고나 젊음의 샘물을 찾는 허망한 노력이 아니다. 유전자는 동물의 노화 과정을 조절한다. 쥐와 카나리아 새, 박쥐는 모두 온혈동물이고 크기도 비슷하지만 수명은 각기 3년, 13년, 50년이다. 언젠가 우리도 유전자를 변형시켜 우리의 수명을 연장시킬 수 있는 날이 올 것이다."[104]

분명 평균 수명은 의학자들이나 통계학자들이 정해놓은 경계선을 부술 것이다. 정치가들은 증권 시세를 볼 때처럼 숨죽이고 평균 수명의 곡선을 연구해야 한다. 지금 당장 암과 당뇨, 심장병, 뇌졸중이 사라진다 해도 인간의 평균 수명은 상대적으로 미미한

15년 정도밖에는 늘어나지 않을 것이다. 하지만 노화를 조금만 지연시키는 데 성공한다면 115세 이상의 노인을 보는 게 드문 일은 아닐 것이다.[105]

3부_
사명

Das Methusalem-
Komplott

우리의 사명은 늙는 것이다. 다른 사명은 없다. 그것이 우리 필생의
과제다. 무엇보다 당신은 살아야 한다. 지금은 이런 호소가 이상하
게 들릴지 몰라도 어쨌든 살아야 한다.

우리의 사명은 늙는 것이다. 다른 사명은 없다. 그것이 우리 필생의 과제다.

당신은 50세, 60세가 되는 법을 배워야 한다. 우리 사회의 구성이 변화될 것이므로, 앞으로 생일은 전혀 다른 비중을 갖게 될 것이다. 당신은 70, 80 혹은 90세가 되어도 침묵하지 않는다는 것이 무엇인지 배워야 한다.

무엇보다 당신은 살아야 한다. 지금은 이런 호소가 이상하게 들릴지 몰라도 어쨌든 살아야 한다.

당신에게 자살과 같은 도망을 부추기는 사람들이 적지 않을 것이다. 당신이 운동을 하고 건강하게 밥을 먹고 혼자서 잘 살아가고 있을 동안에도 노인을 죽여 마땅한 정당성을 입증하는 책과 논문들이 쏟아져나올 것이다.

적들은 끝없는 선전으로 당신이 자신의 사명을 믿지 않도록 만들려 애쓸 것이다. 적들은 사방에 널려 있다. 정년을 정할 수 있다고 믿는 노인, 젊은이, 광고, 언론, 관료주의자 등 모든 방법을 총동원해 사람들은 당신의 자의식을 정복하고 식민지화하려 애쓸 것이다. 공격은 당신의 자화상으로 시작해 당신의 두뇌로 끝이 난다.

두 번의 공격이 있을 것이다. 둘 다 엄청나기에 단단히 준비를 해야 한다. 첫 번째 공격명은 '늙고 추하다(자화상)'이며, 두 번째는 '늙고 쇠약하다'이다. 설득당하지 마라. 현재의 감정·지적 자원을 미래에 대한 두려움 때문에 낭비하는 오류를 저지르지 마라. 당신에겐 아직 그 자원이 필요하다.

젊어 죽는다! 이 영원한 문학의 신화는 개체군의 유지를 위해 전쟁을 치르려는 사회의 생물학적 프로그램이다. 전쟁의 영웅 에른스트 융거는 악마와의 계약을 위해 30세가 되면 스스로 무대를 떠날 준비가 되어 있다고 말했었다. 100세가 넘은 융거를 만난 나는 존재 자체로 인생 사이클의 완전한 변화를 구현한 한 사람을 보았다.

반란 중인 할리우드

노인은 다른 사람의 관심을 끌 만한 이야기를 할 줄 모른다고 말하는 사람은, 자기 인생사의 작가가 될 수 있는 노인의 능력을 앗아버리는 사람이다.

Das Methusalem-Komplott

강제 퇴직이 있다고 상상해보자. 40세가 안 된 사람들의 꿈은 섹시하고 흥미롭고 상징적이다. 노인의 꿈은 근본적으로 무의미하고 죽음의 냄새가 풍긴다. 그렇기 때문에 사람들은 살짝 거짓 웃음을 흘리면서 당신에게 건강을 위해 꿈을 접는 게 좋겠다고 충고한다. 혹은 그 무례한 오슬러가 예술 분야에도 진출했다고 한번 상상해보자. 40세 이하의 작가나 화가가 만든 책과 그림만 출판되고 읽히고 전시된다. 그 밖의 모든 작품은 괴테의 《파우스트(Faust)》에서 패트리샤 하이스미스(Patricia Highsmith)의 《땅밑의 리플리 씨(Ripley Under Ground)》에 이르기까지 일단 사전 검열을 받아야 우리의 의식에 닿을 수 있는 기회라도 잡을 수 있다.

말도 안 되는 소리처럼 들리는 이런 시나리오는 이미 오래전 현실이 되었다. 전기 매체를 통해 전파되고 있고, 약 90퍼센트의 평균 유럽인의 머릿속을 가득 채우고 있는 우리의 집단적 꿈은 거의 대부분 이 시나리오에게 점령당했다. 서구 세계, 영화, 텔레비전, 광고로 구성된 거대한 의식의 기업 연합체는 결정적인 판단 기준으로 단 하나, 생년월일밖에는 알지 못한다. 놀라운 건 우리가 젊음을 좇는 '꿈의 공장'의 선별 압력—젊은 세대가 자랄 수 있도록 노인은 죽어주어야 한다—을 그저 배우들의 문제로 치부하고 있다는 사실이다. 젊음을 찬양하는 것까지는 좋다. 하지만 노인들을 깎아내려서 젊음을 드높이는 건 전혀 다른 문제다. "오락 산업은 노화를 두려워해야 할 것으로 만들어버렸습니다." 오락 산업에서 가장 성공한 여성 대변인 중 한 사람이 공식적인 청문회 자리에서 이런 말로 연설의 포문을 열었다.

"위원장님, 이하 위원님들 그리고 신사 숙녀 여러분, 저는 70대입니다. 그리고 성공의 절정에 서 있습니다. 평생 지금처럼 많은 돈을 벌어본 적도 없고, 지금처럼 많은 세금을 내본 적도 없었습니다. 그런데도 이 사회는 저를 폐기 처리해야 마땅한 것으로 취급하고 있습니다. 저의 견해는 중요하지 않은 것으로, 저의 욕망은 우스꽝스러운 것으로, 저의 취미는 시장에서 아무런 역할을 하지 못하는 것으로 취급하고 있습니다. 제 연배의 노인들과 저를 의존적이고 대책이 없고 비생산적인 인간으로, 베풀기보다는 요구하는 존재로 보고 있습니다. 하지만 실제 노인의 다수는 자족적 중류층이자, 대부분의 젊은 파트너들보다 더 큰 재정적 능력을 갖춘 소비자들입니다. 이 사회에 시간과 재능을 제공할 수 있는 계층이지요. 존경하는 위원장님, 이건 단순히 슬픈 상황으로 그치지 않습니다. 이건 범죄입니다. 제가 이 자리에 선 이유는, 여러분들에게 노인 차별로 인해 이 나라가 겪게 될 엄청난 정신적 황폐화, 손실, 비용을 깨닫게 하기 위함입니다."[106]

2002년 9월 4일 미국 의회 노인문제위원회 앞에서 이런 연설을 했던 도리스 로버츠(Doris Roberts)는 노년 여성으로서는 미국에서 가장 성공한 배우일 것이다. 적지 않은 이들이 에미(Emmy) 상을 수상한 그녀에게서 미국 할머니의 원형을 보고 있다. 아마 그날 위원회는 장애물을 뛰어넘기 위해 투쟁하는 여성 투사의 몸을 가진 한 할머니를 보았을 것이다. 하지만 여론과 할리우드는 그렇지 않았다. 노인 차별로 인해 거대한 비탄의 파도가 구르기 시작했던 그날 이후 1년이 지난 지금도 많은 이들이 이 위대한 연설을 기억하고 있어야 할 것 같다.

이 연설이 스튜디오 그 자체만큼이나 오랜 역사를 자랑하는 외모나 젊음의 테러만을 공격한 것이 아니었기 때문이다. 물론 젊음의 모델이 날로 극단화되고 있기 때문에, 젊음의 테러 역시 고조되고 있기는 하다. 로버츠는, 할리우드에선 여배우가 25세만 되어도 보톡스를 맞고 40세만 되어도 이미 할머니 역할을 맡기에도—물론 그런 역할이 있는지도 의문이지만—늙었다고 생각한다고 했다. 어쨌든 배우노동조합의 조사 결과, 40세 이하의 여성이 그 이상의 여성보다 3배는 더 배역이 많다고 한다.

하지만 로버츠가 전달하고자 했던 진짜 메시지는, 노인에 대한 불신이 노인의 이야기나 꿈조차 믿지 않을 정도로 대단한 현실이었다. 뇌에는 화장을 하거나 주름살 수술을 시행할 수 없기에 아예 머리 자체를 교체해버리는 것이다.

"20년 전만 해도 50세가 넘은 경험 많은 시나리오 작가는 영화산업 전체에서 인기가 대단했습니다. 시나리오 작가의 60퍼센트 이상이 50세를 넘긴 나이였지요. 하지만 현재 그 비율은 19퍼센트로 줄어들었습니다. 6개월 전쯤 에미 상을 수상한 한 작가와 프로젝트를 기획했습니다. 시나리오를 스튜디오에 제출할 때가 되자 그는 나하고 같이 가지 않겠다고 했습니다. '내 허연 머리를 봤다가는 우린 당장 끝장이오.' 그가 그렇게 말했지요. 왜 할리우드는 50대 남성은 사랑과 젊음과 인간관계에 대해 말할 것이 하나도 없다고 생각하는 걸까요? 누구 한 사람이라도 들어줄 사람만 있다면 그도 무척 할 말이 많다는 걸 저는 잘 알고 있습니다."[107]

　이 연설이 끝난 지 채 1년도 지나지 않아 상황은 더욱 악화되었다. 유례없는 폭동이 일어났던 것이다. 175명의 시나리오 작가들이, 40세를 넘긴 작가들을 원칙적으로 고용하지 않는다는 비난과 함께 주요 텔레비전 방송사와 영화 스튜디오를 상대로 소송을 제기했다. 작가들—그 중에는 그래미 상 수상자와 코잭(Kojak)을 탄생시킨 주인공들도 있었다—의 말에 따르면 스튜디오에 인종도 성별도 아닌 연령 때문에 선택하지 말아야 할 '백발 리스트'가 유통되고 있다고 했다.

　100년 전, 40세가 넘은 사람들은 더 이상 사회에 기여하는 바가 없다고, 당시 사람들이 듣기에도 허무맹랑한 진단을 내놓은 위대한 오슬러를 생각하며 고개를 절레절레 젓던 우리에게, 이제 우리 자신에 대해 놀랄 시점이 다가왔다. 그날 이후 평균 수명은 2배가 되었고, 건강 상태는 좋아졌으며, 신체 · 정신적 소모는 줄었다. 그럼에도 전 세계를 위해 꿈과 의식, 이야기를 창조하는 중요한 산업체의 하나에선 거의 광적인 선별 압력이 행사되고 있다. 카네티(Canetti)의 말대로 '우리 머릿속 세상'은 젊은 사람들한테서 나온다. 노인의 경험과 삶의 감정들, 가까운 죽음의 느낌은 존재하지 않는다.

　이야기를 쓰기도 전에 작가가 너무 나이가 많아 보인다는 이유로 사전 검열을 하는 건 의심의 여지 없이 새로운 단계의 연령 인종주의다. 할리우드가 많은 점에서 사회를 앞서가기 때문에 이런 검열은 원칙적으로 우리 모두의 정체성과 관련이 있는 증상이다. 우리 모두는 지금 존재하는 우리다. 우리가 우리 인생을 시작과 끝이 있고, 높고 낮음이 있고, 해석과 기대가 있는 한 편의 이야기처럼 체험하기 때문이며, 꾸준히 우리 인생의 텍스트를 열심히 고쳐 쓰고 있기 때문이다. 노인은 다른 사람의 관심을 끌 만한 이야기를 할 줄 모른다고 말하는 사람은, 자기 인생사의 작가가 될 수 있는 노인의 능력을 앗아버리는 사람이다.

동화책, 위트, 연하장

만화 속 노인은 사악하고 이기적이며 허영심 많고 범죄를 저질렀다. 분명 노인에 대한 공포는 텔레비전에서 생산된 이미지를 통해 증가한다.

Das Methusalem-Komplott

텔레비전이나 잡지에 등장해 환하게 웃고 있는 잘생긴 젊은이들은 더 이상 젊지 않은 사람들에겐 끝없는 모욕이다. 16세만 되면 경력이 시작되는 언론 매체와 광고계에서 30대는 지배 계층이지만 이미 늙은이들이다. 하지만 젊음의 망상과 노화에 대한 공포가 광고나 잡지를 통해서 유포된다고 믿는 건 착각이다. 할리우드의 탓도 아니고, 갑자기 부모를 공경하지 않겠다고 결심한 생각 없는 어린아이들의 탓도 아니다. 언론 매체가 젊음의 종교를 퍼뜨리는 데에는 두 가지 원인이 있다.

아름다운 젊은이들은 번식의 명령을 받은 대사들이고, 따라서 우리의 눈으로 보면 특히나 흠잡을 데가 없다. 광고의 눈으로 보면 노인들은 선택이나 구매 결정에 관한 한 더 이상 영향력이 없다.

노화에 대한 두려움은 생물학적 메시지다. 우리의 의식보다 오래되었으며, 역설적으로 들리겠지만 우리의 두려움보다도 더 오래되었다.

남아프리카의 카피르 족 아이들은 특이한 강박관념에 시달린다. 노화의 증상이 발견되면 끔찍한 두려움에 사로잡히는 것이다. 그래서 수염이 자라기 시작하면 수염을 뽑아내고 조상들에게 늙지 않게 해달라고 기도한다.[108]

노화에 대한 공포는 전 세계 언론 기업을 통해 원초적 공포로 확산되고 있지만, 그 소재지는 우리 마음이다. 노화에 대한 두려움과 그것을 견디지 못하는 무능력은 허약해진 사회의 사치가 아니다. 그것은 깊이 뿌리내린 생물학적 프로그램이며, 바로 그 때문에 상황이 난감한 것이다. 생물학적 모델은 소위 '자연적'이기에 우리는 그것을 본능적으로 일상생활의 요건으로 받아들이고, 그것을 '문화'라 부른다. 마치 문화란 자연에게 경계를 정해줌으로써 확정되는 것이 아니기라도 한 것처럼 말이다.

우리 역시 노화의 증상은 모조리 우리 사회의 얼굴에서 제거해 버린다. 그 과정에서 두 갈래 길을 간다. 괴물을 창조하거나 말 그대로 무(無)를 창조하는 것이다. 지난 몇 년 간 학자들은 우리 사회의 노화 이미지를 낯선 이민족의 눈으로 조사했다. 텔레비전,

잡지, 신문, 영화, 동화책, 위트, 연하장, 심지어 부고장까지 분석한 결과, 이미지 속에 존재하는 것만이 존재하는 사회에서는 결과가 참담했다.

이미 아이들의 마음속에도 만화 영화를 통해 노인에 대한 심한 공포가 심어진다.[109] 90퍼센트 이상의 경우에서 만화 속 노인은 사악하고 이기적이며 허영심 많고 범죄를 저질렀다. 동일한 생물학적 모티브에서 탄생한 동화 속 마녀처럼, 만화 영화의 노인들도 아이들을 잡아먹기 때문에 아이들이라면 오금을 못 편다.[110] 6~8세 아동을 70대 노인과 35세의 장년층과 같은 공간에둘 경우, 아이들은 노인을 피하고 눈조차 맞추지 않았고, 상당한 거리를 두었으며, 대화를 기피하고 말을 별로 하지 않았다. 분명 노인에 대한 공포는 텔레비전에서 생산된 이미지를 통해 증가한다. 4세 아동은 아직 노인과 젊은 사람을 구분하지 않았다.[111]

1990년 미국의 4대 텔레비전 방송사가 4주에 걸쳐 방송한 오락 프로그램에서 50세 이상의 노인은 총 출연자의 13퍼센트에 불과했다.

위트와 연하장에 등장하는 메시지도 거의가 부정적이다.

같은 노인이라도 성별에 따라 이중적 고통을 당한다는 사실은 텔레비전이나 잡지, 영화 등 어디서나 쉽게 확인할 수 있다. 여성의 경우 남성에 비해 출연 횟수가 훨씬 적고, 그나마 75세 이상은 텔레비전에 전혀 등장하지 않는다.

미국의 한 연구팀이 1997년 오락 영화에서 여성 노인의 역할을 분석한 결과는 연구의 제목에서 이미 잘 나타나 있다. "출연 횟수가 적고 매력적이지 않으며 불친절하고 지능이 떨어진다."[112]

또 다른 결과는 '조용한 사회화', 다시 말해 우리에게 간접적으로 역할 이미지들이 공급되는 방식을 입증하고 있다.[113] 미국 아동 프로그램과 텔레비전 쇼 프로그램에서 노년 여성은 주로 지나치게 착한 아내나 주부, 가모장제도에서의 지배자, 마녀, 사디스트적인 어머니 등 부정적인 역할을 맡고 있다.[114]

언어를 통한 금치산 선고

우리는 시력과 청력, 우리의 자화상과 우리의 언어를 잃게 될 것이다.

Das Methusalem-Komplott

남성이건 여성이건 우리는 모두 차별을 당할 것이다. 계속 늦어지는 시계라도 되는 것처럼 많은 사람들이 규칙 위반으로 보이는 노인의 행동들을 고치려고 한다. 텔레비전 프로그램에서 노인 게스트가 젊은 리포터나 사회자의 말을 반박하거나 주제를 벗어날 경우, 사회자는 뚜렷한 '금치산 선고의 경향'으로 대응한다. 노인 게스트가 원래의 주제로 돌아올 때까지 지치지 않고 계속 주제를 반복하거나 노인의 이의를 그냥 무시해버린다.[115]

나이가 들면 지금보다 잘 안 보이고 잘 안 들릴 것이고, 그래서 생각도 더 잘 못할 것이라고 착각한다. 하지만 문제를 더 심각하게 만드는 건 우리가 영상 매체에서 완전히 종적을 감출 정도로 다른 사람들 눈에도 잘 안 보이게 된다는 사실이다. 우리가 말하는 것을 거의 이해받지 못한다.

우리는 시력과 청력, 우리의 자화상과 우리의 언어를 잃게 될 것이다. 내 말을 믿지 마라. 방대한 연구 자료들을 모조리 평가하고 활용했다는 사람들을 믿어라. 현재의 노소 숫자 비율만 보더라도 결론은 나온다. 언어는 현실이고, 언어는 현실을 창조한다. 우리는 다가올 20년~40년 안에 — 지구 온난화가 우리를 싹쓸이해 버리기 훨씬 전에 — 이 넘쳐나는 지옥의 주민이 되어 불에 구워질 사람들이라는 사실을 받아들이자. 우리의 태도를 근본적으로 바꾸지 않는다면, 미래의 우리는 번역이 필요한 독자적인 언어로 이야기를 할 것이다. 그 옛날 노예의 언어처럼 노인의 은어로, 지배와 굴종의 의식은 우리 감정의 독자적인 문법을 형성할 것이다.

약자가 될 경우 상대방이 우리와 어떤 식으로 이야기를 나눌지 알고 있어야 한다. 우리가 커뮤니케이션 사회와 정보 사회의 첫 노인들이 될 것이라는 이유 하나만으로도 미리미리 대비를 해야 한다. 우리의 후손들은 인터넷을 통해 커뮤니케이션을 하는 것만이 존재한다는 메시지를 받게 될 것이다. 간병인과 노인의 대화는 성인과 두 살짜리 아기의 대화와 구분이 안 갈 정도라고 심리학자들이 보고한 바 있다. 대화가 아니라 '두 번째 아기 언어'이기 때문이며, 그 언어의 사용은 노인이 어떤 정신적 상태에 있는가와 전혀 상관이 없었다.

"젊은 사람들은 상대 노인의 귀가 어둡다는 사실을 알고 나면 목소리를 높일 뿐 아니라, 최대한 간단한 표현을 사용하고 억양도 바꾸려고 애쓴다."[116] 그리고 그런 '과도한 적응'은 악순환을 낳는다. 노인의 입장에서는 상대가 나를 진지하게 생각하지 않는다는 인상을 받게 되고, 그에 따라 화법을 바꾸고 자신을 낮게 평가한다. 이 사회의 다수를 형성하게 될 우리 모두가 해마다 아주 조금씩 청력과 시력이 떨어진다면 어떤 일이 일어날까? 모든 연구가 입증하듯, 젊은 사람들은 이런 식의 마모 현상을 지능 약화의 신호로 해석한다.

국민의 다수가 날이 갈수록 청력과 시력이 떨어지는 나라는 새로운 말하기 방식을 개발할 것이다. 말하는 방법, 그 약간 이론적인 문제 — 인간의 대화에선 논리의 힘보다는 강자의 권리가 더 순식간에 관철된다는 철학적 문제 — 가 앞으로 우리가 노인이 되면 실존적 의미를 갖게 될 것이다.

할리우드에서 왕따를 당하고 있는 시나리오 작가들은 위험을 알려주는 역할 모델이다. 우리는 우리를, 우리의 생각을 들을 수 있도록 만들어야 한다. 사람들이 우리에게 겁을 줄 것이라는 각오를 하고 있어야 한다. 삶과 사랑의 관계라면 우리도 할 말이 적지 우리는 일상을 연구해야 한다. 우리 커뮤니케이션 시스템은 이미 오래전에 마련되었다. 지그룬-하이데 필립(Sigrun-Heide Filipp)과 안네-카트린 마이어(Anne-Kathrin Mayer)는 노인들이 대화를 할 때 사용하는 '적응' 전략을 다음과 같이 열거했다.

- 노인들은 젊은 사람과 대화를 나눌 때 의도적으로 특정 주제를 피한다. 특히 젊은 사람과의 비교를 촉발할 수 있고, 노인에게 불리하게 돌아갈 수 있는 주제를 피한다.
- 자신의 가치를 깎아내린다. 노인들은 자기에게 돌아올 요구가 과도하다고 느끼면 건강을 핑계로 댄다. 그렇게 하여 상대방의 기대에 부응하지 못하는 것이 절대 노력 부족 탓이 아니라는 점을 밝히고자 한다.
- 노인들은 대화 태도를, 사람들이 그들에게 요구한다고 생각되는 기대에 맞춘다. 예를 들어 말하는 속도를 늦추고, 과거와 관련된 이야기 스타일을 자주 사용한다.

않다. 우리는 시나리오 작가가 아니라 우리 인생의 작가이기 때문이다. 그 무엇보다도 말하기, 이야기하기에서 노인들은 사회를 엄청나게 살찌울 수 있다. 언어는 인간이 고령에 이르기까지 잃지 않는, 심지어 더 개선시킬 수 있는 문화 테크닉의 하나다. 때문에 지금은 우리가 전혀 상상하지 못하는, 노인 스타일의 언어를 생각할 수가 있다. 해당 자료들마다 우리의 언어가 고령이 되어도 고갈되지 않는, 심지어 더 늘어날 수 있는 보물이라는 사실을 확인해주고 있다. 흔들의자에 앉아 동화를 들려주는 할머니는 우리에게 익숙한 전원 풍경이다. 인터넷의 시대에, 노화하는 뇌의 어휘력은 증가한 경험의 보물과 함께 전혀 새로운 표현의 기회를 얻을 것이다. 노화는 우리 안에서 이야기만 일깨우는 것이 아니라 그것을 전달하는 재능도 키워주기 때문이다.[117] 당신이 할 일은 그저 당신의 뇌를 훈련하는 것뿐이다. 바로 지금 당신이 하고 있는 일, 즉 책을 읽기만 하면 되는 것이다.

넉넉한 시간과 동참하고 싶다는 소망으로 무장한 채 2010년부터 퇴직 상태에 들어갈 베이비붐 세대는, 한때 이전의 어떤 세대보다도 젊음의 언어를 뒤흔들어놓았기에 앞으로도 그 비슷한 일을 해낼 수 있을 것이다. 버클리와 프랑크푸르트의 학생 '농성'이 있은 이후 이 세대는 언어, 그것을 이해했다. 바로 그 언어가 아주

저렴하면서도 효과가 매우 뛰어난 무기인 것이다.

우글거리는 노인들 때문에 시달리게 될 젊은이들이 노인의 자의식과 판단력을 빼앗기 위해 사용할 무기가 바로 언어일 것이므로, 언어를 마스터하는 것이 중요하다. 설사 젊은이들이 노인들이 더 멍청해졌거나 더 서투르고 더 까다로워졌다고 전혀 생각하지 않는다 해도, 언어 전략을 통해 완전히 새로운 권력 관계가 수립될 수 있을 것이다.

노인들에게 똑같은 문장을 유아용 말투와 성인용 말투로 녹음한 카세트테이프를 틀어주고 반응을 테스트해보았다. 금치산 선고를 내리는 언어는 예외 없이 자아의 금치산 선고로 이어졌다. 이 기존 언어에 맞서 새로운 언어를 정착시키는 것이 우리의 임무일 것이다. 우리의 이력은 인터넷을 거쳐 증권시장의 데이터뱅크에 흘러 들어가는 개인 정보 차원을 넘어선다. 우리의 인생 행로는 이야기이다. 시작과 중간, 끝이 있는 이야기, 우리가 적어도 우리 자신에게 들려주는 이야기이다. 당신도 글을 읽으면 과거의 능력과 사건들이 다시 생생하게 되살아나는 것을 경험해보았을 것이다.

하지만 이런 금치산 선고의 스캔들은 여기서도 ─ 외모와 비슷하게 ─ 훨씬 빨리 시작된다. 주름살, 백발, 느려진 행동, 이 모든 것이 언어처럼 읽히고 해독되는 기호다. 화장품 기업과 언론 기업들은 어린아이들에게까지 주입되고 있는 이런 신호 체계의 지속적인 현대화에 다들 정신을 팔고 있다.

젊은이들만 노인을 차별하는 것이 아니다. 베를린 노화 연구의 결과가 보여주듯 노인에 대해 가장 나쁘게 생각하는 사람들은 바로 노인들 자신이다. 억압받는 자의 최대의 적은 다른 억압받는 자라는 말이 있듯, 노인들은 자신의 편견 속에 스스로를 가둔다. 다른 노인들에 대해 나쁘게 말하고, 유감스럽게도 밀고와 배신밖에는 준비하지 않는다.

노인들도 아름다운 것이 좋은 것이라고 생각하는지, 65세 이상의 피실험인들을 대상으로 잘생긴 젊은 남녀와 별로 잘생기지 않은 젊은 남녀의 사진으로 실험을 해보았다. 결과는 노인들 역시 잘생긴 사람들에게 긍정적인 특성들이 더 많을 것이라 생각하고 있었다. 얼굴이 예쁜 젊은 여성들이 잘생긴 남성들에 비해 더 나은 점수를 받았다. 이 실험 결과를 발표한 학자들은 이런 결론을 내렸다.

"적어도 노인들만은 외모와 성격을 연관시키지 않을 것이라 기대했었다. 하지만 이 부분만큼은 나이가 지혜를 선사하지 못하는 것 같다……. 재미있는 건, 피실험인의 대부분이 처음 실험 내용을 설명했을 때는 미소를 지으면서 사람마다 장점이 있는 법이니 쉬운 실험은 아니라고 했다. 그래놓고 막상 실험에 들어가보니 노인들도 — 인간을 외모에 따라 판단하면 안 된다는 것을 잘 알면서도 — 이전 테스트에서 젊은 사람들이 했던 것과 똑같은 판단을 내렸다."

외모를 최우선으로 생각하지 않고 사람을 제대로 판단하는 데에는 나이가 아무런 도움도 안 되는 듯하다. 때문에 고령화 사회가 거의 탈물질화된 형태의 지혜와 정신적인 아름다움을 양성할 것이라는 다수의 믿음은 틀렸다. 정반대다. 존재와 가상의 대립이 날로 커져갈 것이며, 지금은 미적으로 거의 동질인 노인 집단 안에서도 엄청난 세분화가 일어날 것이다.

왜 우리는 늙어가면서 죄의식을 느낄까

우리는 현대식 죄의식을 키워간다. 태어나고 살고 숨쉬고 운전을 하고 일찍 죽어주지 않는 것, 그것이 우리에게 돌아오는 혐의이다.

Das Methusalem-Komplott

전후 세대는 젊은 시절 늘 죽음의 분위기 속에서 살았다. 존재가 죄였고, 현존이 짐이었다. 그래서 우리는 문제의 일부가 된다는 것이 어떤 의미인지 너무도 잘 알고 있다. 우리는 인구 폭발과 환경 오염의 일부이며, 오존층의 구멍과 숲의 죽음에 책임이 있고, 매일 자원을 소비하고 있다. 우리는 자연에 대해 죄의식을 느낀다. 더 정확하게 말해 우리의 노화를 허용한 생물학적 시스템에게 죄의식을 느끼고 있다.

출생 연도 앞에 '19'를 붙인 세대는 자연에게 몹쓸 짓을 저질렀다는 죄의식에 사로잡혀 산다. 우리는 환경의 균형이 깨어져버린 세상에 태어났다고 느낄 뿐 아니라, 우리의 존재 자체가 세계 오염에 협력하고 있다고 확신하고 있다. 균형을 깨뜨리지 않기 위해 발끝으로 조심조심 걷고 있는 세대, 겨우 한 가지를 원상태로 회복시켜놓으면 수만 가지 다른 곳이 황폐화되어버린다.

우리가 무엇인지, 우리를 보는 법을 어떻게 배웠는지, 진화 생물학자 닐스 엘드리지(Niles Eldredge)는 너무나 간단한 비유를 들어 설명한다. 우리 인간의 영향력을 여러 차례 지구의 생명을 멸망시킨 유성에 비교하는 것이다.

"의심의 여지 없이 우리는 오존층 파괴와 온실 효과로, 농경지를 만들기 위한 산림 벌채로 백악기 작은 유성들의 역할을 물려받았다. 우리는 이미 진행 중인 환경의 자연적 과정과 협력해 다음 번의 대량 멸종을 향해 나아가는 진군의 속도를 가속화할 수 있다……. 보존 여부가 달린 종은 바로 우리 자신의 종이다."[118]

하지만 이 정도의 문장으로 놀랄 우리가 아니다. 그저 비판적이고 용감한 문장이라고 생각한다. 그리고 결론으로 우리는 현대식 죄의식을 키워간다. 태어나고 살고 숨쉬고 운전을 하고 일찍 죽어주지 않는 것, 그것이 우리에게 돌아오는 혐의이다.

생명에 대해—혹은 우리가 '자연'이라 부르는 것에 대해—느끼는 죄의식은 우리 세대의 원죄다. 우리는 거의 모두가 매일, 매 시간 그 원죄에 시달리고 있다. 물건을 살 때마다, 샤워를 할 때마다, 우리 무의식 깊이 둥지를 틀고 있는, 아무리 소소해 보여도 늘 세계적 차원의 공포와 전율과 관련을 갖는 '죄악들' 하나 하나 마다에서. 불지옥을 두려워했던 중세의 인간들이 꼭 이러했을 것이다.

죄를 향한 우리의 욕망은, 우리가 우리 앞의 세대들과는 달리 (어쨌든 지금까지는) 큰 문제를 일으킨 적이 없었다는 사실 때문에 더더욱 부조리하다. 적어도 우리는 거의 일생 동안 전쟁을 일으킨 적이 없었고, 인간을 사냥한 적도 없었고, 힘자랑을 한 적도 없었으며, 타민족을 정복한 적도 없었다. 한마디로 우리 조상들보다 뭐든 더 잘해왔다.

그런데도 우리의 의식은 전혀 다른 언어를, 우리의 사기를 꺾고, 우리를 무력화시키는 언어를 말하고 있다. 현대가 아니라 제2의 중세를 살고 있는 것처럼, 우리는 우리가 화려하게 꽃피운 문명이 모조리 틀렸으며, 그것이 애초부터 우리 자신에게 저지른 범죄는 아닐지라도 우리 자식, 우리 환경에게 저지른 범죄라는 감정을 일생 동안 떨쳐내지 못한다. 이렇게 말이다.

먹거리 (독극물)
출산 (인구 과잉)
샤워 (물 소비)

난방 (에너지, 핵 에너지)
자동차 (이산화탄소 방출)
비행 (온실 효과)
여행 (문화 식민주의)
소통 (전기 스모그)

우리가 얼마나 '건강하게' 사는가는 전혀 상관이 없다. 우리 모두는 언젠가 살아온 나날의 비용 청구서를 받게 될 것이라는 두려움에 떨고 있다. 흡연자, 음주자, 비만인은 더 말할 나위가 없다. 그 사이 서유럽 문명국가의 20세 이상 성인치고 자신의 몸뚱이에 대한 지속적인 죄의식에 시달리지 않는 사람이 없다.

젊은 시절 헤르만 헤세를 괴롭혔던 건 엄격한 종교적 분위기의 집안에 걸려 있던 한 장의 그림이었다. 넓고 쾌적한 도로가 그려져 있었는데, 한쪽은 온갖 유혹이 넘쳐나고 다른 쪽은 좁은 돌투성이 가파른 협곡이었다. 그 아래에는 이런 글이 쓰여 있었다. "넓은 길은 지옥으로 이르고 돌투성이 길은 천국으로 이르나니."

그런 세계상이 불쾌한 건 죄와 형벌을 퍼뜨리기 때문이다. 경건주의 목사의 집 먼지를 크롬 입힌 라이프 스타일로 싹 쓸어버렸다고 믿었던 우리는, 생의 마지막에 이르러 정확히 그곳에서 다시 깨어나게 될 것이다. 의사건 간병인이건, 우리의 죄를 합산하게 될 헤세의 아버지와 어머니의 집에서.

환경학이라는 신대륙을 발견했던 우리가 건강한 젊은이들에게 물질·사회·심리적 짐이 되는 건 물론이고, 환경적 짐까지 되어 버릴 것이라는 사실을 과연 어떻게 받아들여야 할까? 자연의 실수일까? '아직 남아 있는 모든 개인을 살아 있는 죽은 자로 만드는' 인구 계산의 착오일까?

자연은 '순수'하며, 자연적인 것이 좋다는 믿음은 우리 시대의 종교다. 하지만 자연 그 자체는 늙은 생명체를 거부한다. 늙은 생명체가 자연의 의도에 반하거나, 자연이 그의 존재에 관심이 없기 때문이다. 때문에 자연은 컴퓨터 프로그램처럼 적극적으로 개입해 소모와 마모를 일으키고, 늙은 생명체를 지상에서 쫓아내기 위해 모든 일을 다 한다. 혹은—결과는 같지만—늙은 생명체의 유지에 전혀 투자를 하지 않는다. 자연에게는 이런 투자를 할 '비축품'이 더 이상 없기 때문이다. 노화가 진행되면 우리는 위험한 늙은 짐덩이가 될 것이며, 우리의 인생사는 낭비의 역사로, 젊은 세대를 희생시키는 자본 파산의 역사로 읽힐 것이다. 우리가 말 그대로 매일매일 젊은이들의 골수를 '먹어치우고' 있는 것이다. 우리의 근심 걱정, 우리의 주름진 손, 백발, 우리를 쳐다보는 주변의 이상한 눈빛은 우리에게 우리의 위대한 친구 자연이 우리를 버렸다는 사실을 가르쳐주고 있다.

핵 발전소를 반대하는 시위를 기억하는가? 체르노빌과 고사한 숲, 자동차 없는 일요일, 에이즈와 오존층의 구멍, 인구 폭발에 대해선 학교에서 이미 다들 배웠을 것이다. 우리는 상상 속에서 수백 번도 더 죽었다. 1923년의 젊은이들은 인플레이션, 두 번에 걸친 세계대전, 민족 학살, 핵 폭탄을 통해 영향을 받았고, 또 세상에 영향을 미쳤다. 한 번의 생명 사이클 기간 동안 유례가 없을 정도로 엄청난 파괴적 에너지가 방출되었다. 이 세대는 노년을 생각하기 전에 죽음을 먼저 생각했다. 늙으면 어떻게 될까, 라고 묻는 대신 과연 늙을 수 있을까, 라고 물어왔다.

우리의 아버지, 할아버지, 어머니, 할머니들은 멀고 먼 옛날까지 거슬러 올라가는 인간 사슬의 마지막 고리다. 노화 그 자체가 승리였던 사람들, 미리 죽지 않은, 아니 미리 죽임을 당하지 않은 특혜를 누린 사람들, 영주 부인처럼 독방에서 살았고 궁정 파티에 가듯 카페를 찾아다녔던 그 거만한 숙녀들, 그들이 그 대단한 거만과 품위를 뽐냈던 건 죽음이 찾아오기 전에 이미 죽음을 이겼기 때문이었다.

현대의 노인들도 서로를 응시하며 다시 한번 살아남았다는 사실에 기뻐하고 있다. 고사포대의 보조병으로 살아남았고,

1946~7년의 그 배고픈 겨울을 이겨냈고, 사방에 널려 있던 지뢰와 유탄에 맞아 공중으로 날아가지 않았다. 그들에게는 살아남지 못한 형제 자매가, 학급 친구가, 친구가 있다. 죽어버린 다른 자아, 분열된 자아가. 영원한 위로는 안 되겠지만 아주 효과적인 위로는 된다. 나바조 인디언의 격언대로 "당시에 해냈으니 다시 해낼 것이다." 기억 연구가들은 이를 '도구적 기억'이라 부른다.

하지만 우리와 우리 앞 세대는 배울 필요가 없었던 사실을 배워야만 하는 세대다. 노화 그 자체를 이미 살아남은 자의 승리로 생각해서는 안 된다는 사실과, 그것은 훈장이 아니며 남겨놓고온 죽은 자들에 비해 특혜가 아니라는 사실을 말이다.

하지만 다음 세대는 우리의 행동거지에서 지금 우리가 미처 의식하지 못한 것을 읽어낼지 모른다. 히로시마 이후에 생각하고 계산하고 글쓰는 법을 배웠던 세대보다 더한 위험에 처해 있었던 세대는 없었다는 사실을 말이다.

오웰에서 헉슬리까지, 로마클럽에서 성장의 한계, 환경 오염과 예측된 재앙에 이르기까지, 상상 속에서 계속해 세상의 몰락을 경험해온 우리는 인류의 역사를 통틀어 가장 수명이 긴 세대가 될 것이다. 언제라도 죽을지 모른다고 믿었던 사람들이 물러나지 않으려 한다는 사실이 우스꽝스럽게 보일 것이다. 그들이 머릿속에 그려왔던 엄청난 마지막 재앙은 머릿속의 사건들이었다. 머릿속 사건은 즐길 수 있는 것이고, 우리 아이들과 아이들의 아이들은 분명 그것을 즐길 것이다. 하지만 어쨌든 거대한 종말에 대한 환상은 거대한 종말로 이어지지 않았다. 우리는 전 세대들과 달리 할 수도 있는 일을 모조리 다 하지 않았다. 그런 극단으로 치닫지 않을 만큼은 우리 세대의 환상과 이성이 충분했던 것이다. 그리고 그건 20세기 초반의 전혀 다른 종류의 수업으로 미루어볼 때 결코 당연하지 않은 자제심이다.

두뇌 싸움

문제는 당신의 머리다. 더 정확히 말해 두뇌다. 당신의 의식과 두뇌 구조가 노인 인종주의의 공격 목표다.

Das Methusalem-Komplott

2000년 미국 대선 중 플로리다—미국에서 노인 인구 비율이 가장 높은 주—전자 투표에서 오류가 발생했다. 팜 비치 카운티 출신의 노인 유권자들이 실수로 다른 후보를 찍었던 것이다. 정치가들은 이런 기술적 문제를 노인들이 시스템을 이해하지 못한 탓으로 돌렸고, 텔레비전 해설가들은 노인 유권자들의 머리가 예전만큼 총명하지 못하다(not as sharp as they used to be)라는 설명을 달았으며, 뉴스는 "멍청한 인간들한테는 투표권을 주지 마라."는 구호를 내세우며 시위를 벌이고 있는 시위대의 모습을 내보냈다.[119)]

우리 사회 노인들에게 던져지는 가장 극단적인 비방은 두뇌에 대한 의심이다. 노인들은 운동도 할 수 있고, 혈당치도 좋고, 산에도 오를 수 있고, 대양을 횡단할 수도 있다. 하지만 노인의 두뇌를 바라보는 의심의 눈초리는 독소처럼 퍼져나가고 있다. 35세만 되어도 '틀에 박힌' 인간으로 간주해 아이디어 부족과 창의력 결핍을 비난하는 분위기다. 향후 몇 십 년 동안을 우리는 똑똑한 머리와 그렇지 않은 머리를 주제로 삼는 분위기 속에서 살게 될 것이다. 수많은 퀴즈 프로그램과 과학 프로그램이 생길 것이고, '뉴로 빅(Neurobics)'이 컴퓨터로 제공될 것이며, 그로 인해 두려움에 떨며 정신적 탈락 증상을 경험할 것이다. 한마디로 아직 자기 자신을 믿어도 좋은지 고민하는 엄청난 자기 회의가 우리 사회로 밀려들 것이다.

그러므로 노인 인종주의에 맞서는 공모는 머리에서 시작한다. 사회는 우리 자신이 우리의 머릿속에서 삭제해버린 그런 이데올로기들만 포기할 것이다. 노화는 오로지 퇴화의 과정일 뿐이라는 생각을 당신의 머릿속에서 지워버려라. 당신을 괴롭게 만드는 고정관념을 향해 분노와 저항과 공격을 감행하라.

문제는 당신의 머리다. 더 정확히 말해 두뇌다. 당신의 의식과 두뇌 구조가 노인 인종주의의 공격 목표다. 이런 뇌 세척에 저항하는 정신·육체적 전략을 수립해야 한다. 《1984년》에서 보여준 오웰의 뇌 조작 비전은 지역적 비전이나 유토피아적 비전이 아니라 수명의 비전이다. 40세만 넘어도 이런 조작의 희생물이 될 것이다. 아니, 40세가 되기 전부터 텔레비전과 광고, 생물학적 조건들 때문에 지치기 시작할 것이다. 오웰의 소설에 등장하는 주인공이 2 더하기 2는 5라고 설명해야 하는 그 모욕적인 장면은 결코 비유가 아님을 자각해야 한다.

미국 과학 아카데미는 노화가 인간의 뇌에 미치는 결과를 연구해, 이미 1992년 노화에 대한 관념이 노화 자체를 바꾼다는 사실을 입증한 바 있다. 우리 대다수는 나이가 들면 당연히 집중력과 기억력이 저하된다고 기대하고 있고, 이런 기대가 기억력 감퇴로 이어진다고 한다. "그 이유는 그런 기대로 인해 노력을 덜 하게 되고, 고치려 노력해봤자 소용없다고 체념하게 되며, 도전을 회피하고 의사에게 도움을 요청하지 않기 때문이다."[120] 이 문장을 읽으면서 고령의 노인을 연상하면 그건 착각이다. 당신의 코앞에 닥친 향후 몇 십 년이다. 자의식을 무너뜨리는 노인 차별의 95퍼센트가 능력 저하에 대한 비방과 관련이 있다. 특히 창의력을 요하는 직업에서 많이 사용되던 'has been'의 이데올로기, '다 짜내버렸다'는 오래전 다른 사회 부문까지 파급되었다. 정신적 능력 저하의 관념은 두려움과 편견으로 지은 건물에 다름 아니다.

여기서 그리는 풍경은 절대 전원적인 풍경이 아니다. 노화가 전혀 능력 손실이나 정신력의 저하, 속도의 저하를 동반하지 않는 다고 말할 사람은 없다. 또 그것이 별 문제 아니라고 말할 사람도 없다. 누구나 나름의 길과 운명을 찾는다. 하지만 한 사회가 개인 의식의 파수꾼이자 검열관 역할을 맡겠다고 나서는 건 전혀 별개의 문제다.

두뇌학자 시노부 기타야마(Shinobu Kitayama)의 말처럼 우리는 모든 인간이 성숙과 성년으로 가는 나름의 길을 찾는다는 사실을 인정한다. 사춘기 아이들에서처럼 생물학적 결정은 그저 여러 국면 중 한 가지 국면에 불과하다는 것이 얼마나 당연한 진리인지도 알고 있다. 인간이 생물학적 구조에서 걸어나와 문화적 구조 속으로 성장한다는 사실도 잘 알고 있다.[121] 때문에 우리는 직선적인 쇠약의 관념을 있는 그대로 인식해야 한다. 텔레토비가 인간의 사회적 관계와 관련이 있듯 현실과 관련 있는 구조로서 말이다.

우리에게 유리한 쪽으로 뇌 세척을 종식시키자. 미래 당신의 자아는 지금 이미 손상당할 위험에 처해 있다. 그리고 당신이 현재 가슴에 품고 있는 두려움은 엄청난 상처의 원인이 될 수 있다. 두뇌 연구가 볼프 징거(Wolf Singer)는, 교육을 스스로 생각하게 만드는 가장 효과적인 마이크로 외과 수술이라 불렀다. 선의의 말이나 악의의 말, 구타나 애무가 아동 두뇌의 신경세포 시스템을 변화시킬 수도 있으며, 건물 한 채를 영원히 파괴할 수도 새로 지을 수도 있다는 것은 두뇌 연구를 통해 이미 입증된 사실이다. 아동의 두뇌에 비해 유연성은 떨어지지만, 성인의 두뇌 역시 학습이나 자기 암시, 기억력 훈련이나 사고 기관의 꾸준한 사용을 통해 아주 긍정적인 변화를 불러올 수 있다.

노화는 퇴행의 과정이다. 노화 연구학계의 최고령자인 폴 발테스(Paul Baltes)는 지난 몇 년 동안 노화의 현실적 이미지를 만들기 위해 꾸준히 노력해왔다. 정신적 능력에 관한 연구에서는 "20세에서 70세까지 능력의 일부(예를 들어 속도)만 약화될 뿐이고, 어휘력은 일반적으로 동일하거나 오히려 더 증가하기도 한다는 사실이 밝혀졌다. 베를린 노화 연구의 결과도 말해주듯 70세 이상이 되면 5가지 능력이 모두 떨어지지만, 사소하다고만은 볼 수 없는 이런 일반적인 손상에도 불구하고 지적 능력은 고령에 이르기까지 심한 편차를 보인다. 예를 들어 한 15세 참가자는 지적 능력에서 70세의 평균치를 훨씬 웃돌았다."[122]

발테스를 비롯한 다른 학자들은 여러 가지 능력 감퇴 현상을 검사하고 측정해 통계를 냈다. 그 연구 결과를 통해 우리는 아주 고령의 노인들은 시간이 갈수록 중요한 정보와 그렇지 않은 정보를 구분하는 일을 힘겨워한다는 사실을 알 수 있다. 또 감각의 퇴화를 보충하기 위해 두뇌 에너지가 더 많이 필요해지며, 비축 능력도 날로 줄어든다는 사실도 알 수 있다. 이 모든 과정은—특히 90세 이상의 노인에게서—고령의 정신 박약이나 알츠하이머를 통해 더욱 강화된다. 소위 '제4의 연령', 즉 아주 고령의 안전성은 힘들여 얻어낸 균형 상태이며, 이는 복잡한 일상생활을 의도적으로 단순화시킴으로써도 도달할 수가 있다. 물론 이 부분에서도 연령의 한계는 최대한 뒤로 물러날 수 있으며, 노화의 물결이 최정상에 도달한 시점, 즉 2020년부터는 전혀 다른 관점에서 조명할 수 있을 것이다.[123]

하지만 이 모든 것은 극히 개별적인, 개별화된 발전이다. 설사 그런 상황이 되더라도 특정 능력의 감퇴에 그 사람이 어떻게 반응할지는 확실하지가 않다.

우리는 다른 영역에서도 그렇듯 규범을 다시 정해야 한다. 사회가 주장하듯, 늙는다고 하루아침에 딴 사람이 되는 건 아니다. 사회가 그렇게 우기는 건 수천 년 동안 노화가 늘 다수의 관점에서, 다시 말해 젊은 사람들의 입장에서 인식되어왔기 때문이다.

오늘날엔 다수의 상황이 변했으므로 노인을 바라보는 관점도 변할 것이다. 우리 사회와 제도, 정치와 사회 시스템, 가족과 자아의 고정관념은 수백만 년에 이르는 호모 사피엔스의 역사와 진화가 우리의 의식에 새겨넣었던 것과는 달리 절대 폐허가 될 수 없다. 20세기의 첫 사반세기에 태어났던 노인 그룹에게도 이미 규범은 다른 모습을 띠고 있다. 피실험인들에게 '기억 수준'의 저하는 확인되었지만, 기억력 그 자체의 저하는 확인되지 않았다.

도시에 오래 살아 도시에서 늙은 사람은 목표 지점에 빨리 도착한다. 지름길을 잘 알고 있기 때문이다. 그건 또 경험 덕분이다. 분명 나이가 들면 인식 속도는 떨어진다. 또 당연히 정신력 감퇴도 있을 수 있다. 하지만 우리에게 사실과 다른 이야기를 속삭이는 모든 이들—거기에는 우리 자신도 포함된다—에 맞서 우리는 고령에 이르도록 학습 능력은 떨어지지 않는다는 감정서를 제시할 수 있을 것이다.[124]

"학습 능력이 유지된다는 건, 정신적 질환이 없는 한 외부 세계 사건에 정신적으로 참여할 수 있는 전제 조건인 새로운 정보의 교환 능력이 고령에 이르기까지 유지된다는 증거다."

학자들은 이렇게 말한다. 젊음의 망상은 절대 속도를 증거로 끌어댈 수 없다. 프랑크푸르트 막스 플랑크 두뇌 연구소 소장 볼프 징거는 고령에 이르면 뇌파가 느려진다는 사실을 밝혀냈다. 하지만 경험이 그 속도를 대신한다는 사실도 보여주었다. 경험 속에 노인들의 트릭이 숨어 있다. 경험의 도움을 받아—지름길을 알기 때문에—젊은이의 속도를 따라잡을 수 있기 때문이다.

이런 식의 자연과학을 통한 경험의 복권이 아직 우리 사회에까지 도달한 건 아니다. 하지만 경험은 미래의 가장 값진 자원이 될 것이다. 뇌 손상이 악의의 말로도 일어날 수 있는 것처럼, 자신에 대한 올바른 지식의 응용은 치유의 효과를 가져올 수 있을 것이다.

통계를 이용해 우리 모두가 맞이할 인생 단계를 미화하자는 게 아니다. 잘못된 생각들을 철저하게 수정하자는 것이다. 지금의 지식 수준으로 보아도 우리는 노화에 대한 완전히 잘못된 규범적 관념을 품고 있다. 역할상과 이미지는 텔레비전과 광고의 지원을 얻어 우리를 시대 착오적인, 추하고 이차원적인 자의식의 캐리커처 속으로 몰아넣고 있다. 그것은 망명으로 추방하는 것이다.

노인들의 충고

노인의 충고는 젊은이들이 노인의 삶을 허용할 수 있는 정당한 이유였다. 예방책과 삶의 지혜가 낳은 아주 만족스러운 결과였다.

경험은 추상적인 것이 아니다. 노인은 각종 경험을 전수하기 위해 존재한다. 암컷이 생산 능력을 상실하고 난 후에도 몇 년 더 생존하는 이유도 오로지 그것이다. 그 시간을 이용해 새끼들에게 생존의 기술을 가르쳐야 한다. 두려움이나 위협을 느낄 경우 왜 우리는 맹수가 뒤에서 쫓아오고 있는 것처럼 행동할까? 스포츠 의학은 신체를 건강하게 유지하려면 석기시대의 조건에 맞춰야 한다고 주장한다. 물론 현대인들이 할 수 있는 건 매일 아침 맥박 수를 조절하면서 60분 동안 한 자리에서 달리는 것뿐이지만 말이다.

이상하게도 아주 효과가 뛰어난 이런 원칙이 진화의 정신적 측면에는 거의 사용되지 않았다. 신체는 스트레스에 아드레날린으로 반응하는데, 정신은 이제 곧 다가올 위험에 대해 어떤 식으로 반응할까?

그에 대해 앞에서 여러 가지로 검토해보았다. 동원령을 내릴 때면 으레 그렇듯 우리도 아주 요란스럽게 시작했었다. 나는 당신에게 통계학이 피할 수 없는 운명이라고 주장하는 것, 정치인들이 알면서도 행동에 옮기지 않는 것, 언론이 매일매일 보고하고 있는 것들을 두려워하라고 이유 있는 공포 분위기를 조성했다.

앞 장에서 우리는 광장마다, 도로마다 확성기를 세워놓았다. 당신의 귀를 멍멍하게 만들기 위해서가 아니라 당신이 자신도 모르는 사이 인생의 행복을 의논하고 있는 그 이상한 존재를 당신 가슴속에서 일깨우기 위함이었다. 어쩌면 당신은 내가 지적을 하고 나서야 처음으로 그 목소리를 들었는지 모른다. 하지만 내 말을 믿어라. 그 목소리는 벌써 오래전부터 당신의 귀에다 속삭이고 있다. 안심시키는 할아버지, 할머니의 목소리가 이렇게 말한다. "우물에 가서 숭늉을 찾으면 안 되지." "인생사 새옹지마라고 했단다." "세월이 약이란다."

이 목소리들이 염두에 두고 있는 건 사보타주뿐이다. 결단력을 약화시키고, 목표를 지워 없애면서 당신이 믿을 수 있는 경험을 요구한다. 그것은 아드레날린에 대한 문화의 해독제다. 그를 위해 노인의 관습이 있었다.

　당신도 알고 있는가? 톨킨의 호빗들이 어떻게 노크를 했는지. 그 노크를 통해 어떻게 고요한 삶을, 느리고 평화롭고 영원한 노화(호빗들은 50세가 넘었다!)의 째깍거림을 위험과 두려움과 죽음의 덜커덩거림과 바꾸었는지.

　그곳에서 일어나고 있는 일들을 당신은 이미 겪었다. 일요일 아침, 커피와 방금 구운 빵을 앞에 두고 엄마, 아빠, 할아버지, 할머니가 전쟁 이야기를 한다. 그러다 당신이 아침을 다 안 먹고 숟가락을 내려놓는 순간 어떤 일이 벌어지는가? 꾸중은 전쟁과 가난했던 시절의 이야기로 이어지다가 결국 아프리카의 굶주리는 아이들한테로 넘어간다.

　어쩌면 당신은 궁금했을지 모르겠다. 노인들이 겪은 전쟁의 기억이 과연 아이들의 식사와 무슨 관계가 있는 거지? 마치 당신의 노골적인 풍요로움이 노인들을 더 배고프게 만들기라도 하는 것처럼 말이다. 실제 그 당시 당신은 문화 상속의 대상이 되었다. 그 순간 말을 하는 사람 자신도 깨닫지 못한 채 당신에게 기본적인 생물학적 복제가 이루어졌던 것이다. 그것이 이렇게 말한다. 어려운 시절이 닥칠 것이다. 미리미리 대비해 음식을 먹어 살을 찌우고 칼로리를 저장하라.

이미 다이어트를 마친 우리의 신체는 석기시대가 던진 대답이다. 우리는 결핍의 시대에 맞춰 프로그래밍되어 있기에 상황이 요구할 경우 기초대사량을 줄인다. 하지만 우리의 가족사 역시, 다시 말해 우리가 우리의 자녀나 친척에게 전달하는 주요 메시지들도 상당 부분이 석기시대의 것이다. 서정시인 찰스 시믹은 발칸의 가족 위계 질서에 물든 극도로 엄격했던 조부모를 기억한다.

"'나이가 들면 저절로 알게 될 거야.' 젊은이들은 늘 그런 말을 들었다. 아직 현금 인출기가 없던 시절이어서 할머니한테 돈을 타 쓸 수밖에 없던 시절이었기에, 할머니한테 가서 얌전하게 앉아서 힘들게 얻어낸 할머니의 지혜를 경청해야 했다. 갈수록 세상이 험해진다느니, 요즘 젊은애들은 날이 갈수록 뻔뻔스러워진다느니, 자기가 어릴 적엔 아버지에게 깍듯하게 말을 높였다느니, 그땐 처녀들이 섹스 이야기가 나오면 얼굴이 빨개졌다느니, 그런 이야기들이었다. 나는 초조한 마음으로 의자 끝에 걸터앉아 할머니의 한탄에 적극 동조해주면서 할머니가 돈주머니를 열어 동전 몇 닢을 세서 건네주기를 목이 빠지게 기다렸다."[125]

할아버지, 할머니는 이야기를 통한 부양자였다. 그리고 그들의 충고에 귀를 기울였던 건 그들이 미리미리 대비를 해 얼마 안 되지만 남은 돈을 손자들에게 줄 수 있었기 때문이었다. 비슷한

식의 이야기는 수없이 많다. 친구들한테 물어보면 몰래 버린 간식 빵을 비롯해 다들 비슷한·이야기 한 토막씩은 가지고 있을 것이다.

"우리 불쌍한 할머니가 얼마나 신경에 거슬렸던지!"라는 시믹의 지친 고백은 "슬픈 진실은 할머니의 말씀이 옳았다는 것이다"라는 고백에 이르러 절정에 도달한다. 오늘날의 상황이 유례없는 특수 상황인 것은 1990년대까지만 해도 (드물어지긴 했지만 심지어 현재까지도) 모든 할아버지, 할머니들이 진정으로 생존 투쟁의 대사들이었기 때문이다.

1945년 전의 그 어떤 세대도 외부의 집단 재앙으로부터 보호받은 온전한 가족사를 가진 적이 없었다. 1950년 이후 안전의 품에서 태어나 먹고 자란 우리와 우리 이전의 세대는 야생 동물과 동물원의 동물로 비교할 수 있다. 주변에서 살고 있는 이 감동적인 할아버지, 할머니들은 모두가 실제로 생존 투쟁의 기계들이며, 늙기 전에 이미 위대한 승리를 거둔 사람들이다. 높은 영아 사망률과 전염병, 전쟁과 민족 대학살, 기아와 범죄를 물리치고 대항해 승리한 사람들이다.

21세기의 자녀인 당신 자신으로부터 재앙의 시대까지 그 거리가 얼마나 가까운지 한번 족보를 펴놓고 손가락으로 따라가보

라. 할아버지, 할머니 세대까지만 올라가봐도 벌써 그런 시대로 접어들고 있다. 두 차례의 세계대전과 인플레이션과 혁명은 뺀다 해도, 손가락이 1850년 무렵에만 이르러도 독일 인구의 75퍼센트가 65세 전에 사망하던 시절이었다. 1850년에서 1950년까지 평균 수명이 상승했지만, 이 긍정적 경험은 두 번의 세계대전으로 모조리 허사로 돌아가고 말았다. 전쟁과 기아, 대량 학살로 인한 비자연스러운 조기 사망은 실로 유례가 없었다. 그 사건이 우리와 우리 가족사에 미친 영향은 무엇일까? 노화가 죽음을 이긴 승리였던 수십만 년 동안의 비자연적인 조기 사망은, 이제 50년 동안 지속된 자연스러운 노화의 아주 비자연스러운 경험으로 대치되었다.

삶은 전쟁이었고, 늘 생존의 연속이었다. 노인들은 항상 특권을 누렸던 사람들이었다. 같은 세대의 다른 동지들처럼 일찍 죽지 않았다는 특권 말이다. 그로 인해 깊은 만족감이 자라났고, 그 만족감은 아직 우리 세대의 아기 방까지는 환하게 비춰주었다. 그 부드러운 승리감과 장엄한 위안은 이제 곧 죽어야 할 테지만 그래도 훨씬 더 일찍 죽을 수 있었는데 아직 살아 있다는 데에서 나온 것이었다.

고령에 죽었던 사람들은 세상을 사귀었을 뿐 아니라 세상과 인생에 대해 알아야 할 건 다 알고 있었다. 태양 아래 새로운 것은 없기에 죽을 때 놓치고 가는 것이 없다는 느낌, 거꾸로 말해 운이 좋으면 세상을 완전히 다 내 안에 받아들일 정도로 오래 살 수 있다는 느낌, 그것이 바래기 시작한 건 지난 세기에 이르러서였다. 막스 베버(Max Weber)는 제1차 세계대전이 끝난 직후 《직업으로서의 학문》에서 현대인은 아브라함처럼 '늙고 만족해' 죽을 수가 없다고 말했다. 사는 동안 알아보고 싶은 새것이 계속 등장하기 때문이다. 우리는 그 옛날의 어른들과 달리 경험할 수 있는 것의 주변 지역을 벗어날 수가 없다. 때문에 우리 모두에게 죽음은 문화적 의미가 없다.

젊은이들은 이런 노인들에게 숨어 있는 마법의 생존력을 두려워했다. 노인이 최고령이 되어서도 모든 이의 인생 기반을 뒤흔들어놓을 정도로 우레와 같은 소리를 내며 퇴장할 것이라 믿었다. 폴란드의 작가 안드제이 스타시우크(Andzej Stasiuk)는 '임종을 맞고 있던 이웃의 한 농부이자 목동'을 아직도 기억한다.

"죽을 것이라는 확실한 예감이 들자 그는 아내를 불러 이렇게 말했다. '양을 숲에 풀어 늑대들한테 줘버리게나.' 그의 말은 비유도 수사학도 아니었다. 그 늑대들과 일생 동안 경쟁하며 살았기 때문이었다. 하지만 그의 말에는 깊은 직관의 기능이 담겨 있었다. 태어나는 그날처럼 고독하게, 벌거벗은 채 죽음을 맞이해야 한다고 말하는 직관이. 그 옛날 노인들이 전해주었던 이런 교훈들은 현대의 문화 속에서는 그만 잊혀져버리고 말았다."

우리가 살게 될 사회는 죽음을 외부에서 밀어닥친, 예상할 수 없는 사건으로 체험하지 않을 것이다. 죽음은 비자연스러운 고령의 인생 과정이 자연스럽게 끝나는 종말로 생각하게 될 것이다. 늙는다는 것이 유한성을 이긴 승리도 특권도 아닐 것이다. 따라서 우리는 혼자다. 우리가 살게 될 삶은 역할 모델이 없다. 노인의 충고는 젊은이들이 노인의 삶을 허용할 수 있는 정당한 이유였다. 노인들은 날씨를 알았고, 땅을 알았고, 짐승을 알았으며, 훗날에는 지배자의 변덕과 지배당하는 자의 전략을 알았다. 아무도 노인들의 충고를 듣지 않게 된 시절에도 충고는 시믹의 할머니가 그러했듯 딱딱한 동전으로 변모했다. 어쨌든 예방책과 삶의 지혜가 낳은 아주 만족스러운 결과였다.

다 지나갔다. 많은 노인들이 소수의 젊은이들이 벌어놓은 것으로 먹고살기 때문에, 따라서 젊은이들이 노인을 식인종으로 느끼기 때문에 생물학적으로 코드화된 '예방책'의 메시지는 조롱처럼 들린다. 늙는다는 건 그저 아주 오랜 평균 수명의 정상적 결과일 뿐이다. 하지만 우리는 쉽게 포기해서는 안 된다. 통계학이 우리를 이끈다고 해서 서둘러 우리 자신을 미래의 짐으로 생각해서는 안 된다. 이제 미래로 진입하고 있는 사람들은 다른 승리를 얻게 될 것이다. 머리와 환상으로 얻게 되는 승리다. 매일 우리를 위협하는 멸망은 일어나지 않았다. 우리 앞의 세대와 달리 우리는 노인이 되어 우리가 하지 않았던 일에 자부심을 느낄 수 있을 것이다.

4부_
새로운 자기 정의

우리 이후 | 공모의 몇몇 공모자

Das Methusalem-
Komplott

우리는 노화를 일종의 인생 후기 정도로 생각하지만, 노인들은 《피플 매거진》의 아주 재미있는 기사거리를 읽고 있는 것처럼 느끼고 있다. 그들의 삶은 지금 한창 진행 중이며 앞으로도 무수한 일들이 펼쳐져 있는 것이다.

섹스 엘리트 분야의 아군들은 달리 생각할지 몰라도, 젊다고 느끼는 게 자기 기만은 아니다. 누군가 '늙을 수 없다'는 건 40세부터 듣게 되는 질책이다. 앞에서도 보아왔듯 그는 불행한 사람, 아니 잔혹한 사람이다. 우리의 노화가 무엇인지는 우리 자신만이 정의를 내린다. 하지만 그건 진화의 배에 탄 승객의 다수가 같은 관심을 가지고 있을 경우에만 성공의 전망이 보이는 기획이다. 평균 수명이 지금대로 머무르거나 심지어 지금보다 더 늘어날 경우, 지금 살고 있는 우리와 우리 후손들은 같은 질문으로 머리를 싸매게 될 것이다. 자연의 생존 프로그램이 결코 예상하지 못했었던 50년을 어떻게 정신적으로 살 수 있을까? 이것은 우리가 우리 안의 석기시대 인간을 어떻게 거의 5배에 이르는 평균 수명에 적응시킬 수 있는가 하는 문제다.

실제 인간은 진화에게 발을 달아주는, 더 정확하게 표현해서 바퀴를 달아주는 기술을 개발했다. 진화가 너무 더디었기에 인간은 문화를 개발했다. 노인과 노인의 지식에서 독립하고 싶어 7천 년 전에 문자를 개발했던 것이다. 그로써 생물학적 특징과 문화 사이의 거대한 편류가 시작되었다. 문화는 우리가 조종하는 진화다. 우리 근육이 너무 약해 우리는 바퀴를 발명했고, 뇌가 너무 느려 컴퓨터를 개발했으며, 영혼이 너무 외로워 예술을 발명했다. 문화는 친절할 줄 아는 자화상을 생산한다. 그리고 모델을 만들어 낸다. 실제로 늙어버린 인간을 바라보면 젊은 자화상으로 스스로를 웃음거리로 만들지 모른다는 사회적 두려움은 절단을 의미하며 인간을 마비와 공포로 몰고간다는 사실을 깨닫게 된다.

덤의 세월이 무엇을 의미할지 스스로 선택해야 하는 건 사회가 아니라 개인이다. 당신은 이렇게 말하거나 생각한다. "나는 내 나이보다 젊게 느껴." 서른에도 마흔에도, 쉰에도, 심지어 아흔 살에도 그런 말을 한다. 이런 문장이 자신이 표현한 현실을 만들어낸다는 것은, 오하이오 연구뿐 아니라 베를린 노화 연구를 통해서도 밝혀진 사실이다. '젊다고 느끼는 것'은 자기 기만이 아니다. 그건 자신이 말하는 것을 만들어내는 진술이다.[126] 때문에 젊은이들이 그런 말에 조롱으로 반응하는 것이다. 젊고자 하는 의지는 살고자 하는 의지다.

야코프 그림(Jacob Grimm)은 동화를 지어 아이들을 동물로 만들어버리거나 잡아먹는 마녀 같은 노인들을 우리에게 소개해주었을 뿐 아니라 그 스스로 《노화에 대하여》라는 제목의 글을 집필했다. 그곳에서 그는 과소비 복지사회가 아닌 사회에서는 노화를 어떤 식으로 해독했는지 보여주고 있다.

"집안의 가장이 주변에서 흔히 볼 수 있는 사물을 가지고 사람의 나이를 알맞게 누진적으로 계산하는 것이 우리 조상들 사이에선 관례였다. 울타리 하나는 3년 동안 버티고, 개 한 마리는 울타리 세 개의 햇수를 견디며, 말 한 마리는 개 세 마리의 햇수에, 사람은 말 세 마리의 햇수에 이른다. 이렇게 해도 우리는 81세라는 목표에 도달하게 된다."[127]

이제 우리 주변엔 우리의 노화를 읽을 수 있는 사물이 없다. 우리의 달력은 얼굴이다. 거울 속에 비친 우리와 실제 우리의 차이는, 과거의 인생 시점을 되돌리고자 희망한다는 점에서 당신이 고조할아버지, 할머니가 되어도 당신의 마음을 사로잡을 것이다.

베를린 노화 연구에 참여한 70~100세의 노인들은 한 목소리로 실제 나이보다 12세 더 젊게 느끼고, 자신의 외모가 평균 9년 더 젊게 보인다고 대답했다. 이런 생각은 나이가 들수록 더 강해져, 90세 이상 노인들은 16세 더 젊게 느끼고 외모는 14세 더 젊게 보인다고 대답했으며, 대략 60세였으면 하고 바랐다. 70~79세 사이의 노인과 90~94세 사이의 노인 22퍼센트는 앞으로 10년 더 살기를 바란다고(다시 말해 80세 생일 및 100세 생일을 맞이할 수 있기를 바란다고) 대답했다.

더 젊고 싶을 뿐 아니라 실제 더 젊게 느끼는 것, 따라서 나이보다 더 젊은 것은 인간 조건, 즉 인간 삶의 기본 사실이다. 하지만 그렇다고 해서, 훗날 우리는 아무래도 상관없을 거라는 말은 절대 아니다. 생각을 마비시키는 이런 젊은이들의 사고는 비극적인 잘못된 길로, 성급한 자기 포기다. 마음 편하게 과거에서 살게 되리라고, 죽음밖에는 더 이상 기대할 것이 없을 것이라고 생각하지 마라. 아무래도 상관없는 건 하나도 없다. 당신이 지난 삶에서 노화에 대한 그릇된 관념을 가졌었다는 사실이 가장 그렇다. 노인의 개인적인 만족이 우리의 일반적인 예상을 훨씬 뛰어넘는다는 사실은 이미 모든 주요 연구 결과를 통해 밝혀진 결과다.[128]

자신의 노화를 생각하면서 흐리고 암울한 실신 상태를 상상하지 마라. 죽음을 기적의 탈출구로 제시하는 일종의 제2의 순진함을 상상하지 마라. 그런 것이 있을 수는 있지만, 그게 통례는 아니다. 제 기능을 다하고 있는 세대 계약의 절정기에 완성된 베를린 노화 연구의 피실험인 중에서도 골똘히 죽음을 생각하는 사람들은 10분의 1 미만이었다. 현재의 노인들이 "사회적으로 고립당하고 있다."는 편견에 대해서는 노인들 자신이 그렇지 않다고 대답했으며, 어쨌든 '사회적 고립'이라는 편견은 우리 젊은층의 상상과 달리 고령에 이르기까지 아주 미미한 역할밖에는 하지 못하고 있다.

물론 이 말을 모든 고령자가 건강하다는 뜻으로 해석해서는 안 된다. 많은 노인들이 심각한 운동 기관 장애 및 감각 인지 장애로 괴로움을 당하고 있다. 80세부터는 알츠하이머에 걸릴 위험이 급격하게 증가한다. 하지만 베를린 노화 연구는 젊은이들이 생각하듯 노인들이 노화를 사회적 지옥으로 느끼지는 않는다는 사실을 입증하고 있다. 대부분의 노인들은 인생에 만족하고 있는 듯하다. 3분의 2가 건강하다고 느끼고 있고, 이중 동년배 노인들에 비해 더 건강하다고 대답한 비율이 거의 3분의 2에 육박했으며, 같은 정도로 건강하다는 대답이 5분의 1이었다.

나이가 들수록 동년배 노인들에 비해 더 건강하다고 느낀다. 관점에 따른 착각이겠지만, 삶을 수월하게 만들어주는 착각임에는 틀림이 없다. 3분의 2 이상이 자기 인생을 스스로 결정할 수 있다고 생각하고 있으며, 독립적이고 자립적이라고 느끼고 있다. 10명의 노인 중 9명 이상이 확실한 인생 목표가 있으며, 과거 지향적인 노인은 3분의 1에 불과했다.[129] 우리는 노화를 일종의 인생 후기 정도로 생각하지만, 노인들은 《피플 매거진(People magazine)》의 아주 재미있는 기사거리를 읽고 있는 것처럼 느끼고 있다. 그들의 삶은 지금 한창 진행 중이며 앞으로도 무수한 일들이 펼쳐져 있는 것이다.

우리 이후

고령에 대한 젊음의 지배는 지나갔다. 더불어 전통적이 노인의 비율도 끝났다.

> ## 설 문 지
>
> • 당신과 당신의 지인들이 모조리 죽고 없어진 후에도 인류의 생존에 관심이 있습니까?
>
> • 그 이유는 무엇입니까?
>
> • 당신의 의지로 세상에 태어나지 못한 자녀는 몇 명이나 됩니까?

스위스 작가 막스 프리쉬가 1966년에 던진 이 질문에 대답해보라. '자식을 생각해야 한다'는 신조는 지난 100년 동안 크게 고무적인 결과를 낳지 못했다. 특히 무자녀 부부의 숫자가 날로 증가하고 있는 현실 앞에서 더더욱 그러하다.

아무것도 도움이 안 된다. 우리는 지금 행동해야 한다. 정치적으로 개입하고 미래의 은신처를 만들어야 한다. 연령에 합당한 도시와 제도의 건축물을 만들어야 한다. 30대건 40대건 50대건 전혀 상관이 없다. 노후를 위해 돈을 저축할 수밖에 없듯 생계비와 정체성과는 전혀 다른 것을 보장하는 정신·신체·미적 조치를 취해야 한다. 오하이오 연구는 우리가 다음 세대에게 우리가 줄 수 있는 가장 값진 것을 남겼다는 사실을 보여주었다. 그것은 바로 자기 증오에서 해방된 노화의 이미지다.

100세의 평균 수명을 약속받은 우리 자녀들은 인생의 황금 분할을 완전히 새롭게 계산해야 한다. 오늘날의 우리는 두 개의 다른 시간 차원 사이에 끼인 정보원이자 과도기적 세대다. 하지만 지난 세기에 탄생한 우리는 한스-울리히 굼브레히트(Hans-Ulrich Gumbrecht)의 말처럼 '철학과 신학의 너무나 깨끗한 분리'를 지양하기 시작한 사람들일 수 있다.[130]

20세기에 배운 내용과의 꾸준한 결별이 한창 진행 중이다. 우리는 세계대전 없이 늙어갈 것이다. 우리 자손에 대한 우리의 책임은 영원히 젊게 머무르는 것이나, 우리의 노화를 부정하거나 우리 자신을 제거하거나 눈에 띄지 않게 만들어 숨는 것이 아니다. 우리의 임무는 사회적 삶의 달력을 개혁하는 것이다. 우리의 임무는 노인 인종주의에 맞서 투쟁하는 것이며, 필요하다면 진보적 정치 운동까지도 이용해야 한다. 우리의 임무는 모델과 자화상의 자기 충족적 기능을 염두에 두고, 미래 세대에게 노화의 힘을 삶으로 보여주는 것이다.

우리 손자들을 생각해야 한다는 정치적 슬로건은 시인 고트프리트 벤(Gottfried Benn)의 혜안처럼 '자기 포기이자 정신적 책임을 불특정 시대로 미루는 것' 이다.

"창조적 시대는 손자를 생각하지 않았다. 창조적 시대는 자신의 내실을 위해 더 많은 표현과 형태를 창안했다. 이것이 부족한 곳에서만 손자를 들먹인다……. 조상들이 자신의 멍한 상태를 외면해버리려는 수법이다."[131]

이런 외면, 이런 시간 낭비를 우리는 누릴 수가 없다. 시계는 오래전에 째깍거리기 시작했고, 앞으로 몇 십 년 동안 점차 늙어갈 베이비붐 세대가 노화의 고정관념을 깨부수지 못한다면, 그 절반이 노화의 공포 속에서 살게 될 한 사회의 감정적 위기 하나만으로도 우리의 기쁨은 질식해버릴 것이기 때문이다.

노화의 이미지에서 독소를 제거할 때에만, 늘 최신의 것만 소비하는 시장의 산업 공해를 제거할 때에만, 날로 현대적인 세상에서 후손이나 번식까지도 계산할 수 있을 것이다. 인구 전문가 헤르비히 비르크의 말에 따르면 환경의 전 세계적 변화와 달리 "인구 통계학적인 문제들은 모두가 예외 없이 인간의 행동 방식에 그 원인이 있다. 따라서 사회 동시대인의 미래를 완전히 그들의 생각대로 만들어 나가느냐는 그들의 손에 달려 있다."[132]

매일, 매 시간 수명을 낭비하고 있다는 느낌은 누구나 느껴보았을 것이다. 두 번의 전쟁이 3세대에게서 빼앗아간 '잃어버린 햇수'는 잃어버린 날과 시간이 되었다. 노동 조합이 더 많은 여가를 쟁취하기 위해 투쟁하는 동안 영혼의 시간은 위태로워진 자원이 되었다. 텔레비전과 컴퓨터는 시간 잡아먹는 기계 취급을 당하고 있다. 지금도 그것들은 지난 몇 백 년 동안 시간을 채워온 것들, 학습과 독서, 교육과 연설, 휴식을 가로막기 때문에 양심의 가책을 방사하고 있다.

이런 근심은 지난 세기의 불안이다. 우리에겐 거실에서 보내는 저녁 시간의 낭비가 중요한 게 아니다. 우리에겐 수명 그 자체의 낭비가 중요하다. 교통량이 늘어나면 도로를 더 만들었고, 하늘을 정복했을 땐 공항을 지었고, 더 많은 사람들이 더 편하게 살 수 있도록 집을 개조했으며, 더 많은 정보를 더 많은 사람들에게 전달해야 했을 땐 데이터가 언제 어디서나 송신자에게서 수신자에게로 갈 수 있는 길을 찾아내었다. 우리는 모든 것을 위해 길과 집과 창고와 네트워크와 제도를 찾았다.

우리에게 있는 모든 것을 가졌다고 상상해보라. 속도 빠른 자동차, 슈퍼 엔진, 스케줄과 엄청난 시간 압박. 하지만 유감스럽게도 도로망은 30년 전쟁 시대 것이다. 그리고 우리의 수명과 우리의 인생 행로의 관계가 바로 이러하다. 우리의 인생 행로는 지금의 절반밖에 안 되는, 진화에 따라 최적화된 생명 기간에 맞추어 재단되어 있다. 그런데 우리 모두는 아이가 자라 옷보다 커지듯 더 이상 몸에 맞지 않는 수명 모델을 입고 있다.

얼굴을 들여다보자. 예를 들어 렘브란트의 자화상을 한번 관찰해보자. 한 미술사가, 한 심리학자, 한 신경학자가 1629년, 1650년, 1669년에 그린 렘브란트의 자기 인식을 노화 연구의 범주로 읽기 위해 노력하고 있다. 이들은 소박한 눈으로도 파악할 수 있는 것을 해독했다. 그림의 인상이 늙어가고 있는 것이다. 하지만 그와 더불어 제2의 얼굴, 즉 그림의 비전과 이념, 그림 이상의 그림도 늙어가고 있다. 62세의 늙은 렘브란트는 관찰자의 세대들을 감동시켰던 극적인 깊이와 굴절을 담고 있다.[133] 정보 사회의 지혜는, 놀라지 않고서도 사람과 얼굴을 바라보는 이 시선을 배우는 것이다. 흥미만 있으면 그걸로 족할 것이다. 예술가들은 관찰의 습관과 수천 년 고정된 이미지와 고정관념을 어떻게 바꿀 수 있는지 시범으로 보여주었다.

우리의 문화와 생물학이 우리의 노화에 관해 주입시켰던 내용들을 잊어버려라. 통속적으로 말해 그들의 말은 더 이상 옳지 않다. 고령에 대한 젊음의 지배는 지나갔다. 더불어 전통적인 노인의 비율도 끝났다. 문학 비평가이자 철학자인 로버트 포그 해리슨(Robert Pogue Harrison)은 그의 에세이 《죽은 자의 지배》에서 과거의 프로그래밍에서 해방될 수 있는 방법을 보여주었다. 과거에 복종해서는 안 된다. 우리 선조들과 자식들과 관련을 맺듯, 한때 살았고 앞으로 살게 될 사람들과 관련을 맺듯 과거 및 미래와 관련을 맺어야 한다.

"스스로를 유한한 생명으로 만든다는 의미는 죽어가는 생명체로서 살아가는 법을 배우는 것이다. 더 정확하게 말해 자신의 유한성을 생명을 이어갈 사람과의 관계의 기초로, 더불어 이미 죽은 사람들과의 관계의 기초로도 삼는 법을 배운다는 뜻이다."[134]

노화의 창의력을 착취하자면, 수명을 보존하고 관리하자면, 따라서 우리 시대에 가장 낭비되는 자원을 보호하자면 많은 것이 요구된다. 그 어떤 세대도 인생 후반기에 그에 버금가는 임무를 맡아본 적이 없었다.

공모의 몇몇 공모자

매우 놀랍다. 유명한 사람들 중에 노인들이 얼마나 많은지 정말 놀랍기 그지없다.

Das Methusalem-Komplott

제2차 세계대전이 끝나고 채 10년도 지나지 않아 독일의 시인 고트프리트 벤은 〈예술가의 문제로서의 노화〉라는 제목의 유명한 강연을 한 적이 있었다. 강연 제목이 지금 들어도 도발적이다. 어쨌든 제2차 세계대전 당시에는 전 세대가 노화의 특권을 빼앗겼다. 하지만 벤이 말하고자 했던 바는 일찍 죽은 자들에 대한 진부한 생각들, 즉 젊음은 천재적이고 창의적이지만 고령은 우둔하고 소비적이라는 문화적 고정관념이었다. 당시에 이미 70세가 넘었던 시인은 이렇게 말했다.

"매우 놀랍다. 유명한 사람들 중에 노인들이 얼마나 많은지 정말 놀랍기 그지없다.

아주 짤막하게 이름하고 나이만 불러보도록 하겠다. 먼저 화가

와 조각가 중에서, 티치안(Tizian) 99세, 미켈란젤로 (Michelangelo) 89세, 프란스 할스(Frans Hals) 86세, 고야 (Goya) 82세, 한스 토마(Hans Thoma) 85세, 리버만(Liebermann) 88세, 뭉크(Munch) 81세, 드가(Degas) 83세, 보나드(Bonnard) 80세, 마이욜(Maillol) 83세, 도나텔로(Donatello) 80세, 틴토레토 (Tintoretto) 76세, 로댕(Rodin) 77세, 케테 콜비츠(Käthe Kollwitz) 78세, 르노와르(Renoir) 78세, 모네(Monet) 86세, 제임스 앙소르(James Ensor) 89세, 멘첼(Menzel) 90세.

시인과 작가 중에서는 괴테(Goethe) 83세, 쇼(Shaw) 94세, 함순(Hamsun) 93세, 마테를링크(Maeterlinck) 87세, 톨스토이 (Tolstoi) 82세, 볼테르(Voltaire) 84세, 하인리히 만(Heinrich Mann) 80세, 에브너 에셴바흐(Ebner-Eschenbach) 86세, 폰토피단(Pontoppidan) 86세, 하이덴스탐(Heidenstam) 81세, 스위프트 (Swift), 입센(Ibsen), 뵈른손(Björnson), 롤랑(Rolland) 78세, 빅토르 위고(Victor Hugo) 83세, 테니슨(Tennyson) 83세, 리카르다 후흐(Ricarda Huch) 83세, 게르하르트 하우프트만(Gerhart Hauptmann) 84세, 라거뢰프(Lagerlöf) 82세, 지드(Gide) 82세, 하이제(Heyse) 84세, 다눈치오(D'Annunzio) 75세, 스피텔러

(Spitteler), 폰타네(Fontane), 구스타프 프라이타크(Gustav
Freytag) 79세, 프렌센(Frenssen) 82세. 생존 인물 중에서는 클로
델(Claudel) 85세, 토마스 만(Thomas Mann), 헤세(Hesse), 슈
뢰더(Schröder), 되블린(Döblin), 카로사(Carossa), 되르플러
(Dörffler) 75세, 에밀 슈트라우스(Emil Strauß) 87세.

위대한 음악가는 숫자가 적다. 베르디(Verdi) 88세, 리하르트
슈트라우스(Richard Strauss) 85세, 피츠너(Pfitzner) 80세, 하인
리히 쉬츠(Heinrich Schütz) 87세, 몬테베르디(Monteverdi) 76세,
글루크(Gluck), 헨델(Händel) 74세, 브루크너(Bruckner) 72세,
팔레스트리나(Palestrina) 71세, 북스테후데(Buxtehude), 바그너
(Wagner) 70세, 게오르그 슈만(Georg Schumann) 81세, 레츠니
체크(Reznicek) 85세, 오베르(Auber) 84세, 케루비니(Cherubini)
82세."

| 감사의 글 |

이 책의 사전 작업은 새 천년이 노화의 징후를 띠고서 다가올 것이라 예상되던 때, 1999년으로 거슬러 올라간다. 당시 우리는 《Frankfurter Allgemeinen Zeitung》에서 작가들을 상대로 개인의 노화에 대해 물어보기 시작했다. 우리는 새 천년이라는 큰 휴지기가 노화를 힘겹게 만들었는지, 아니면 수월하게 만들어주었는지 알아보고 싶었다. 예상대로 역사적인 시간의 도약을 함께 체험한다는 느낌이 노화를 수월하게 만들어주지는 못했다.

그날 이후 우리는 학자들과 저널리스트, 예술가들과 노화 문제에 관해 계속 대화를 나누어보았다. 이 과정을 통해 우리 모두의 노화에 대한 공포증이, 근본적인 개혁과 혁명을 목전에 두고 있다는 사실이 날로 명확해졌다. 이 책은 우리 세계와 우리의 생활 감

정을 영원히 변화시키게 될 그 지진을 읽는 최초의 지진계 이상이
아니다.

충고와 행동과 전자메일로 도움을 주신 모든 분께 감사를 드린
다. 우선 의학 및 바이오 윤리학에 관해 많은 가르침을 주신 슈테
판 삼(Stephan Sahm)과 요아힘 밀러융(Joachim Müller-Jung)
에게 감사를 전하고, 고령의 두뇌 및 그 효율성에 관해 전체적으
로 안심이 되는 지적들을 해주신 볼프 징거, 유전적 노화 문제에
관해 가르침을 주신 크라이그 벤터(Craig Venter), 실무의 문을
열어주신 모니카 슈튀첼(Monika Stüzel)과 라이너 플뢸(Rainer
Flöhl), 팝 문화를 시식시켜주신 디터 고르니(Dieter Gorny), 창
의력과 노화를 이해하는 데 도움을 주신 한스 마그누스 엔첸스베
르거(Hans Magnus Enzensberger), 도표를 인용할 수 있도록
허락해주신 제임스 버펠과 그의 막스 플랑크 인구 통계학 연구소
동료들, 확고한 신앙심을 가진 마티아스 란트베르(Matthias
Landwehr)와, 무엇보다 내게 지치지 않고 연령과 팝 문화의 관
계를 설명해주신 레베카 카사티(Rebecca Casati)에게 감사를 전
한다. 모두가 나를 도와주셨지만 나의 해석과 오류에 대한 책임은
그들의 몫이 아님을 밝혀두는 바이다.

1) Vgl. P. Schimany: *Die Alterung der Gesellschaft. Ursachen und Folgen des demographischen Umbruchs*, Frankfurt 2003, S. 291.

2) Y. Zeng/L. George: Family Dynamics of 63 Millions to more then 330 Million (in 2050) Elders in China, in: *Demographic Research*, Vol. 2, Art.5, http://www.demographic-research.org/volumes/vol2/5/html/default.htm.

3) 방법론을 둘러싼 논의나 평균 수명의 급성장은 아동 사망률 저하와 전염병 예방의 성공 덕분이라는 (낙후된) 주장에 대해서는 다음의 사이트를 참고하기 바란다. http://www.science-mag.org/cgi/content/full/296 /5570/1029/DC1.

4) Vgl. Schimany, *Alterung*, S, 363.

5) 통계청, 독일 인구 발전에 관한 설명, 2003년 6월 6일.

6) M. Gendell: Boomers Retirement Wave Likeley to Begin in Just 6 Years, in *Population Today* (Population Reference Bureau), April 2002.

7) H. Birg: *Die demographische Zeitenwende. Der Bevölkerungsrückgang in*

Deutschland und Europa, München 2001, S. 198f.

8) *Spiegel Jahrbuch* 2004 (Jahrbuch 2004. Die Welt in Zahlen, Daten, Analysen), München 2003, S. 498ff.

9) Berliner Institut für Weltbevölkerung und globale Entwicklung, *Newsletter*, 9. Oktober 2003: *Wölfe statt Menschen.*

10) J. Vaupel: Testimony before the Senate Special Committee on Aging. Hearing on *The Future of Longevity: How Important are Markets and Innovation?*, Washington, 3. Juni 2003 (Manuskript)

11) J. Vaupel: Setting the Stage. A Generation of Centenarians?, in: *The Washington Quarterly*, 23:3, S. 197.

12) Vgl. G. M. Martin: Biology of Aging: The State of the Art, in: *The Gerontologist*, 43 (2003), S. 272~274.

13) L. Hayflick: The Future of Aging, in: *Nature*, Vol. 408. November 2000, S. 267.

14) 논의의 이 지점에서 닫힌 공간에서는 엔트로피가 증가한다는 제2 열역학 법칙을 들먹이는 정신과학자들이 있다. 톰 커크우드는 이런 항변에 대해 다음과 같이 대답했다. "제2 열역학 법칙은 닫힌 시스템의 경우이다……. 당신이나 나 같은 유기체는 닫혀 있지 않다. 우리는 열려 있다. 단순화시켜 설명하면, 우리 신체에는 끝부분마다 구멍이 나 있다. 우리는 무언가를 삼키고 무언가를 배출한다. 그 과정에서 계속 우리 환경으로부터 무언가를 취한다. 이것이 에너지이고, 이 에너지는 엔트로피를 퇴치하는 데 이용할 수 있다." Vgl. T. Kirkwood: *Zeit unseres Lebens. Warum Altern biologisch unnötig ist.* Berlin 2000, S. 70.

15) 평균 수명을 생명의 기간, 즉 객관적 자료에 따라 한 인간이 살았던 햇수와 헷갈려서는 안 된다. Vgl. M. Allard/V. Lebre/JM Robine/J. Calment: Jeanne Calment: *From Van Gogh's Time to Ours: 122 Extraordinary Years*, New York 1998.

16) J. Oeppen/J. Vaupel: Brocken Limits to Life Expectancy, in: *Science*, Vol. 296, Mai 2002, S. 1092~1031. 물론 저자들도 이 말이 인간이 불멸한다는 뜻은 아니라는 걸 잘 알고 있다. "매년 조금씩 증가하고 있는 평균 수명의 성장률이 불멸로 이어지지는 않을 것이다."

17) R. Brookmeyer/S. Gray/C. Kawas: Projections of Alzheimer's Disease in the United States and the Public Health Impact of Delaying Desease Onset, in: *American Journal of Public Health*, 1998, Vol. 88, S. 1337~1342.

18) T. Kirkwood: *Zeit unseres Lebens*, S. 9.

19) Axel Börsch-Supan: Global Aging an der Jahrtausendwende: Die demographischen Herausforderungen des 21. Jahrhunderts, Mannheim 2002. http://www.mea.nui-mannheim.de/mea_neu/pages/files/nopage_pubs/dp14.pdf.

20) 이에 관해서는 특히 미국에서 많은 주관적 주장과 객관적 보도가 있었다. Vgl. U.M. Staudinger/A.M. Freund/M. Linden/I. Mass: Selbst, Persönlichkeit und Lebensgestaltung im Alter: Psychologische Widerstandsfähigkeit und Vulnerabilität, in: *Berliner Altersstudie*, Berlin 1999, S. 321~350.

21) B. R. Levy/M. D. Slade/S. R. Kunkel/Stanislav Kasl: Longevity Increased by Positive Self-Perceptions of Aging, in: *Journal of Personality and Social Psychology*, 2002, Vol. 83, No. 2, S. 261~270.

22) Statement of Paul R. Greenwood, Deputy District Attorney, Head of Elder Abuse Prosecution Unit, San Diego, DA's Office, in: *Saving our Seniors* Senatsausschussanhörung, 14. Juni 2001.

23) H. Schlaffer: Das Alter. *Ein Traum von Jugend*, München 2003, S. 18.

24) Euripides, *Hiketiden*, 1108~1112f. Vgl. G. Gutsfeld/W. Schmitz: *Am schlimmen Rand des Lebens? Altersbilder in der Antike*, Köln 2003, S. 69.

25) A. Lyman/M. Edwards: Poetry: Life Review for Frail American Indian Elderly, in: *Journal of Gereontological Social Work* (1989), 14, S. 75~91. Vgl. J. Kotre: Weiße Handschuhe, in: *Wie das Gedächtnis Lebensgeschichten schreibt*, München 1996, S. 228f.

26) T. Roszak: American the Wise: Boomers, Elders and the Longevity Revolution, Adress at the American Society on Aging, 46th Annual Meeting, San Diego 2002.

1부 고령화 사회의 대두

27) 인구 통계학적 가정의 정확성에 대해서는 다음의 책을 비교해보라. M. Bretz: Zur Treffsicherheit von Bevölkerungsvorausberechnungen, in: *Wirtschaft und Statistik*, 11/2001, S. 906~921.

28) H. Birg: *Die demographische Zeitenwende. Der Bevölkerungsrückgang in Deutschland und Europa*, München 2001, S. 89.

29) Schimany, *Alterung*, S. 288.

30) vgl. Peterson: Gray Dawn: The Global Aging Crisis, in *Foreign Affairs*, Vol. 78, No. 1 (1999), S. 44.

31) Birg, *Zeitenwende*, S. 108~136.

32) Birg, *Zeitenwende*, S. 125.

33) J. Vaupel, A Generation of Centenarians, In: *Washington Quarterly*, 23:3, 2000, S. 199.

34) Birg, *Zeitenwende*, S. 123.

35) Apuleius: *Apologia* 371, 1~3; vgl. Gutsfeld/Schmitz, *Am schlimmen Rand*, S. 77.

36) P. Borschied: Alltagsgeschichte, in: B. Jansen/F. Karl/H. Radebold/R. Schmitz-Scherzer: *Soziale Gerontologie. Ein Handbuch für Praxis und Lehre*, Weinheim 1999, S. 127~131.

37) Gutsfeld/Schmitz: *Am schlimmen Rand*, S. 16.

38) P. G. Peterson: *Gray Dawn*, S. 50f.

39) *Demographischer Wandel aus Sicht der Bundesbürger*, forsa-Umfrage im Auftrag der Bertelsmann-Stiftung, Gütersloh, Mai 2003; www.bertelsmann-stiftung.de.

40) P. G. Peterson: *Gray Dawn*, S. 43.

2부 공모

41) K. Dychtwald: *Age Power. How the 21st Century Will be Ruled by the New Old*, New York 2000, S. 21.

42) K. Dychtwald: *Age Power*, S. XVI.

43) F. Brock: Assisted Living to Viagra: A Dictionary Nod to Aging, in: *New York Times*, 9. November 2003.

44) K. Lorenz, *Das sogenannte Böse. Zur Naturgeschichte der Aggression*, Wien 1963, S. 195.

45) *Berliner Alterstudie*, S. 231.

46) 그것도 번식의 사명이 불합리한 상황인 동성애적 열정이 문제가 되는 곳에서 말이다.

47) J. Huizinga: *Herbst des Mittelalters. Studien über Lebens-und Geistesformen des 14. und 15. Jahrhunderts in Frankreich und in den Niederlanden*, Stuttgart 1975, S. 194.

48) D. Lang: Baby Boomers, Beware: What You're Thinking Could Kill You, BoomerCareer.com, Allegiant Media, 7.10.2003.

49) 오슬러는 트롤로페(Trollope)의 단편 소설을 인용하면서 60세 노인들은 클로로포름으로 죽이는 게 좋겠다고 말했다. 하지만 이 말이 큰 논란을 불러일으키자 그는 농담을 한 것뿐이라고 주장했다. Vgl. L. D. Hirsbein: William Osler and the Fixed Period, in: *Archives of Internal Medicine*, Vol. 161, Sept. 2001, S. 2074~2078.

50) Schimany, *Alterung*, S. 321.

51) S.-H. Filipp/A.-K. Mayer: *Bilder des Alters. Altersstereotype und die Beziehungen zwischen den Generationen*, Stuttgart 1999, S. 184.

52) B. Rosen/T. H. Jerdee: The Nature of Job Related Age Stereotypes, in: *Journal of Applied Psychology*, 61, S. 180~183; vgl. Filipp/Mayer S. 185.

53) Filipp/Mayer, S. 191. 저자들은 아주 유익한 연구서를 추천하고 있다. P. Warr: Age and Job Performance, in: J. Snel/R. Cremer: *Work and Aging: A European Perspective*, 1994, S. 377~380.

54) 히르쉬바인은 오슬러가 직업을 통해 정의된 남성성 이해의 정곡을 찔렀다는 점을 지적하고 있다.

55) Schimany, *Alterung*, S. 321f.

56) Filipp/Meyer, *Bilder*, S. 209f.

57) R. Dilley: Ageism Hits Generation X?; BBC *News*, Dienstag, 10. Juni 2003.

58) J. Vaupel: Setting the Stage: A Generation of Centenarians?, in: *The Washington Quarterly*, 23:3 (2000), S. 199.

59) 내 주장을 반박할 만한 사례들을 나도 알고 있다. 하지만 그런 사례들로 조사 결과가 바뀌지는 않을 것이다. 노인들은 전통적으로 젊은이들의 이해 관계가 허락하는 한에서만 물러난다. 원칙적으로 노인들은 방해가 되기 때문에 지금 당장 물러나는 게 좋다. 노화에 대한 카이사르의 주장은 그의 저서에서는 큰 비중을 차지하지 않았지만, 오늘날 회사 창립 기념일 행사나 생일 파티에서 큰 감동을 주지는 못하지만, 그래도 분위기를 띄우는 용도로 쓸모가 없지는 않은 말이다. 스파르타 역시 고전적 원로 정치로 논의되고 있는, 최근에 나온 탁월한 저서 Gutsfeld/Schmitz

(Hrsg.): *Am schlimmen Rand des Lebens? Altersbilder der Antike*, Köln 2003.를 참조할 것.

60) A. Gutsfeld/W. Schmitz (Hrsg.): *Am schlimmen Rand*.

61) I. Svevo: *Der alte Mann und das schöne Mädchen*, Berlin 1998.

62) 물론 영화엔 예외가 있다. 또 나브롱고에서 유지되고 있는 전통적 원로 정치에 관한 현장 조사도 있다. 이에 관해서는 T. Kirkwood: *Zeit unseres Lebens*, Berlin 2000, S. 270을 참고해라. 스베보에서 헤세, 막스 프리쉬까지의 문학은 늙은 남자 주인공은 있지만 여자 주인공은 전무하다시피하다. 고령화 사회의 작가는 베케트이다.

63) Schimany, *Alterung*, S. 264.

64) 보기 드물어진 "인생의 의미" 같은 말을 유명한 경제학자의 최근 저서에서 발견하게 되니 흥미롭다. 그 저서는 바로 건조하기 짝이 없는 경제학자가 책의 중심부에서 인생의 의미를 새롭게 제기하고, 그것이 소비를 통해 대답할 수 없는 질문이라고 본 점은 특이하다. 그의 말을 직접 인용해보자. "그때(22세기)가 되어도 출생률이 인류의 존립을 유지할 수 있을 정도로 올라가지 않는다면 인구의 빈틈은 인구 밀도가 높은 세계마저 폭력을 사용하여 외부에서 채워 넣어야 할 정도로 커질 것이다. M. Miegel: *Die deformierte Gesellschaft. Wie die Deutschen ihre Wirklichkeit verdrängen*, München 2002, S. 87.

65) Schimany, *Alterung*, S. 155.에서 재인용

66) G. S. Freyermuth: "Im Unruhestand. Die neuen Alten rufen die Langlebigkeitsrevolution aus", in: c't 25/99. 프라이어무트가 언급한 60세 혹은 50세가 넘어도 일하고 싶어하는 사람들의 숫자는 ─ 하이테크

Das Methusalem-
Komplott

287

붐이 끝난 후에는-하향 조정해야 한다.

67) Vgl. Schimany, *Alterung*, S. 363, 간단하게 요약해보면 "자식이 있는 노
인들에겐 자식이 손자와 증손자와의 세대간 접촉을 제공하지만 자식이
없는 노인들은 자기 세대의 직계 친척들밖에는 가질 수 없고, 이런 친
척들은 나이가 들수록 어쩔 수 없이 숫자가 줄어들 수밖에 없다. 따라서
무자식은 배우자의 사망과 마찬가지로 노년의 사회적 관계의 구조 및
기능에 중심적 역할을 한다. 자식이 없는데 배우자마저 사망한다면 사
회적 문제가 고립에 이를 정도로 심각해질 수 있다."

68) D. Carlton: Biometrics and the Prevention if Identity Theft, Testimony,
Senate Special Committee on Aging, 18. Juli 2002.

69) http://web.mit.edu/agelab/index.html

70) C. Fox: Technogenarian. The Pioneers of Pervasive Computing
Aren't Getting Any Younger, in: *Wired*, 9. November 2001.

71) Foresight Panel: Just Around the Corner, London 24. März 2000.

72) *Washington Post* vom 2. Mai. 1991, S. c3

73) E. Emanuel/M. Batin: What Are the Potential Cost Savings from Legalizing
Physician-Assisted Suicide?, in: *New England Journal of Medicine*, Vol.
339: 167~172, 16. Juli 1998. 법적 공방에 대해서는 Böckenförde: Die
Würde des Menschen war unantastbar, in: *Frankfurter Allgemeine Zeitung*
vom 3. September 2003.의 설명을 참고하라.

74) 시발점은 생명 단축 조처의 결정권은 연방에 위임한다는 미국 최고 재
판부의 판결이었다.

75) E. Emanuel/M. Batin: What Are the Potential Cost Savings from Legalizing Physician-Assisted Suicide?, in: *New England Journal of Medicine*, Vol. 339 (1998), S. 167~172.

76) E. Jünger, *Die Arbeiter*, Gesamtausgabe Band VIII, Stuttgart 1981, S. 204.

77) H. W. Sinn: Die demographische Zeitbombe: Weniger Rente für Kindererziehung?, in: *Frankfurter Allgemeine Zeitung* vom 11. September 2003.

78) S.-H. Filipp/A. K. Mayer: *Bilder der Alters*, S. 138.

79) *Süddeutsche Zeitung* vom 15. Oktober 2003.

80) S. Freud: *Gesammelte Werke*. Band X. Frankfurt/Main 1999, S. 354f. 한스 울리히 굼브레히트의 지적에 감사드린다.

81) 그 사이 환자를 소홀하게 대하고 수술을 지연시키고 눈 수술에도 나이 제한을 둔다는 뉴스들이 적지 않다. 노인 환자가 누가 시키지도 않았는데 먼저 나서 치료를 거부했는지, 불명확한 사례들이 특히 눈에 많이 띈다. 논란이 많았던 노인의 암 치료 연구들이 대표적인 사례이다. N. J. Turner/R. A. Haward/G. P. Mulley/P. J. Selby: Cancer in Old Age—is it Inadequately Investigated and Treated?, *British Medical Journal* 1999, Vol. 319, S. 309~312.

82) D. Callahan, Death and the Research Imperative, *The New England Journal of Medicine*, Volum 342 (2000), S. 654~656.

83) G. West: *Charles Darwin. A Portrait*, New Haven 1938, S. 334. 바이
오테크에 관한 현재의 논란에 대해서는 J. Rifkin: *Das biotechnische
Zeitalter. Die Geschäfte mit der Gentechnik*, München 2000, S.
297.

84) P. Baltes/U. Lindenberger/U. Staudinger: Die zwei Gesichter der Intelligenz
im Alter, *Spektrum der Wissenschaften* 10, S. 52~61.

85) G. Agamben: *Homo sacer. Die souveräne Macht und das nackte Leben*,
Frankfurt 2002. S. 140.

86) M. Carrigan: Segmenting the Grey Market: The Case for fifty-plus
Lifegroups, In: *Journal of Marketing Practice: Applied Marketing
Science* (1998), 4, 2, S. 43~56.

87) S. S. Hall: *Merchants of Immortality. Chasing the Dream of Human
Life Extension*, Boston/New York 2003.

88) Vgl. A. Bartke: Extending the Lifespan of Long-Lived Mice, in:
Nature 414 (2001), S. 412.

89) D. Gems: Is More Life Always Better? The New Biology of Aging and
the Meaning of Life, in: *Hastings Report* 33, Nr. 4 (2003), S. 31~39.

90) S. S. Hall: *Merchants of Immortality*.

91) S. S. Hall: *Merchants of Immortality*, S.2.

92) George Williams: Pleiotropy, Natural Selection and the Evolution of
the Senescence, in: *Evolution 11*, S. 398~411. 이 고전 작품에서 윌리
엄스는 재생산 기간 이후의 생존과 노화가 문명과 가축 및 쥐처럼 문명
의 이득을 보는 동물에게서만 관찰된다는 사실 역시 지적하고 있다.

93) S. J. Olshansky, L. Hayflick, B. A. Carnes, (2002a): No Truth to the Fountain of Youth, in: *Scientific American*; R. H. Binstock: The War on Anti-Aging Medicine, in: *The Gerontologist* 43 (2003), S. 4~14.

94) W. Mair/P. Goymer/S. D. Pletcher/L. Partridge: Demography of Dietary Restriction and Death in Drosophila, in: *Science* 2003, 301, S. 1731.

95) 초파리와 그것의 변성에 대해서는 인터넷을 통해서도 충분히 살펴볼 수 있다. http://www.exploratorium.edu/exhibits/mutant_flies/mutant_flies.html

96) J. Müller-Jung: Die Untoten, *Frankfurter Allgemeine Zeitung* vom 29. Oktober 2003, *Natur und Wissenschaft N1*.

97) Vgl. J. Vaupel/J. Carey/K. Christensen: It's Never Too Late, in: *Science*, 19. September 2003, 301, S. 1679~1681.

98) www.infinitefaculty.org/sci/cr/crs. Vgl. G. Stock: Redesigning Humans. Our Inevitable Genetic Future, Boston/New York 2002, S. 82. 이 책이 인쇄되기 직전에 살펴본 결과, 이 인터넷 그룹은 수명이 끝났다.

99) Kenneth G. Manton und XiLiang Gu: Changes in the Prevalence of Chronic Disability in the United States Black and Nonblack Population Above Age 65 from 1982 to 1999, in: *Proceedings of The National Academy of Science of the United States of America*, 98: 6354~6359; publishesd online before print as 10. 1073/pnas 111152298./ NIH News Release, 7. Mai 2001.

100) M. Rees: Unsere letzte Stunde. Warum die moderne Naturwissenschaft das Überleben der Menschheit bedroht, München 2003, S. 147. 위대한 리스가 연도나 장소 같은 이 논문의 사실 자료를 엉망으로 만들었다는 사실이 주의할 만하다.

101) S. V. Ukraintseva/A. I. Yashin: Individual Aging and Cancer Risk: How Are They Related, in: *Demographic Research*, Vol. 9, Artikel 8, Max-Planck-Gesellschaft Okt. 2003; http://www.demographic-research.org.

102) V. Kannisto: The Advancing Frontier of Survival, in: *Monographs on Population aging*, Vol. 3, Odense University Press 1996, http://www.demogr.mpg.de/Papers/Books/Monograph3/start.htm.

103) Vgl. Vaupel: *Centenarians*, S, 198. "어쩌면 우리가 살아남는 매 10년이 10년을 더 살게 해주는 생물학의 새로운 10년을 열게 될 것이다. 가능한 일이다. 믿을 수 없지만 가능하다."

104) Stock, *Redesigning*, S. 80.

105) Vgl. K. Wright: Staying alive, in: Discover Magazine, Vol. 24, Nr. 11, November 2003.

3부 사명

106) D. Roberts: *Remarks*, Senate Special Committee on Aging, Image of Aging in Media and Marketing, 4. September 2002.

107) 위의 책.

108) D. Nelson: *Ageism. Stereotyping and Prejudice Against Older Persons*, Cambridge 2002, S. 31.

109) J. M. Bishop/D. R. Krause: Depictions of Aging and Old Age on Saturday Morning Television, in: *The Gerontologist*, 24, S. 91~94.

110) 위의 책.

111) S.-H. Filipp/A.-K. Mayer: *Bilder des Alters*, S. 251. 텔레비전을 통한 사회적 학습이 아이들에게 영향을 미칠 수 있는지, 혹은 노인의 태도가 생물학적으로 코드화된 건 아닌지 널리 논의되고 있다. Vgl. Nelson: *Ageism*, S. 107.

112) D. G. Bazzini/W. D. McIntosh/W. D. Smith/S. M. Cook/C. Harris: The Aging Woman in Popular Film: Underrepresented, Unattractive, Unfriendly, and Unintelligent, in: *Sex Roles*, 36 (7/8), S. 531~543.

113) S. R. Sherman: Images of Middle-Aged and Older Women. Historical, Cultural and Personal, in: J. M. Coyle: *Handbook on Women and Aging*, Westport 1997.

114) E. A. Kaplan: Something Else Besides a Mother: Stella Dallas and the Maternal Melodram, in: E. A. Kaplan: *Feminism in Film*, S. 466~487, New York 2000; vgl. D. M. Meehan: *Ladies of the Evening. Women Characters of Prime-time Television*, London 1983.

115) S.-H. Filipp/A.-K. Mayer: Bilder des Alters, S. 277.

116) 위의 책, S. 136.

117) S. Kemper/S. Rash/D. Kynette/S. Norman: Telling Stories: The Structure of Adults' Narratives, in: *European Journal of Cognitive Psychology* (1990), 2, S. 205~228.

118) N. Eldredge: *Wendezeiten des Lebens. Katastrophen in Erdgeschichte und Evolution*. Heidelberg/Berlin/Oxford 1994, S. 285.

119) D. Nelson: *Ageism*, S. 16.

120) E. B. Ryan: Beliefs About Memory Across the Life Span, in: *Journal of Gerontology: Psychological Science*, 1992, Vol. 47, S. 41~47; vgl. P. Stern/L. L. Carstensen: The Aging of the Mind, in: *Opportunities in Cognitive Research*, National Academy Press New York 2003.

121) S. Kitayama: Cultural Variations in Cognition: Implications for Aging Research, in: *Aging of the Mind*, S. 218f.

122) P. B. Baltes: Die zwei Gesichter der Intelligenz im Alter, in: *Spektrum der Wissenschaft*, 10, S. 52~61.

123) P. B. Baltes: Das hohe Alter. Mehr Bürde als Würde?, Max-Planck-For-schungsmitteilungen, 2/2003, S. 15~19.

124) P. B. Baltes (Hrsg.), *Berliner Altersstudie*, S. 370.

125) C. Simic: Es ist immer drei Uhr, in: *Frankfurter Allgemeine Zeitung* vom 29. 3. 2000, S. 49. Thomas Steinfeld: *Einmal und nicht mehr.* Stuttgart 2001에도 들어 있다.

4부 새로운 자기 정의

126) J. Smith/Paul B. Baltes: Altern aus psychologischer Sicht, in: *Berliner Altersstudie*, S. 232; S.-H. Filipp/T. Klauer: Conceptions of Self Over the Life-Span: Reflections on the Dialectics of Change, in: M. Baltes/P. Baltes: *The Psychology of Control and Aging*, Hillsdale, NJ, S. 167~205.

127) Schlaffer, S. 9에서 재인용.

128) P. B. Baltes: Gegen Vorurteile und Klischees: Die Berliner Altersstudie, in: *Forum Demographie und Politik*, 10, S. 11~20. 이런 만족감은 고령이 되면서 약화된다. "하지만 정신적 건강 면에서 70세 이상 노인의 4분의 1도 안 되는 숫자만이 정신적 장애를 보이고 있으며, 그 중에서도 간병이 필요할 정도의 정신적 장애는 10분의 1에 불과하다는 사실은 노화에 관한 좋은 뉴스로 꼽을 수 있다. 우울증도 노화와 더불어 심해지는 게 아니다. 신체적 건강에 있어서도 노화와 신체의 허약함을 동일시하는 건 문제가 있다. 그러므로 70세 이상 노인의 절반은 운동 기관에 큰 문제가 없고, 심지어 85세 미만에서도 절반 가까이가 혈관 질환에서 자유롭다. 나아가 사망률과 치료의 필요성이 사회 계층에 따라 거의 차이가 나지 않는다는 흥미로운 연구 결과가 나와 있다. 이것은 아마도 지불 능력이나 피보험자의 신분에 따라 차별을 두지 않는 효율적인 의료보험 제도 및 의료 진료의 결과인 듯하다." 이런 글을 읽을 때는 항상 이 연구의 설문 대상은 미래의 우리보다 훨씬 만족하고 사는 세대(일부는 1900년 이전 출생)의 노인들이라는 점을 명심해야 한다.

129) 위의 책.

130) 아직 출판되지 않은 연설문 〈우리 죽음의 미래〉를 볼 수 있도록 허락

해주신 한스 울리히 굼브레히트에게 감사드린다.

131) G. Benn: *Marginalien*, Gesammelte Werke Band II, München 1980, S. 251.

132) H. Birg: *Die demographische Zeitenwende. Der Bevölkerungsrückgang in Deutschland und Europa*, München 2001, S. 13. 비르크의 '번식의 윤리학' 즉 번식의 의무는 벤의 표현을 빌린다면 "국가의 압력을 받아 어떤 희생도 감수하는, 세계관으로 승화된 자녀 출산"이라 부를 수 있을 것이다. 21세기의 도덕적 가설로서 성경에서 말하는 번식의 사명을 다시금 천명하는 건 현재로서는 아직 비현실적이기 때문이다.

133) A. Rösler/M. Hofmann/M. Mackenzie/A. Harris/M. Mapstone: Über Succesful Aging hinaus: Rembrandt in seinen Selbstbildnissen, in *Psychiatrische Praxis*, 2001, S. 88~90.

134) R. P. Harrison: *The Dominion of The Dead*, Chicago 2003, S. 71. 한스 울리히 굼브레히트는 해리슨의 죽음의 명제와 고령화하는 미국의 연관 관계를 가장 처음 밝혀냈다.

국내 자료 참고문헌

김두섭(1993). 〈한반도의 인구 변천, 1910~1990 : 남북한의 비교〉, 《통일문제 연구》, 5(4):202~235, 통일원.

김동일(2003). 〈장수, 곧 행복일 수 없는가?-여성 노인 문제 심포지엄〉, 《가정상담》.

김동일(2002). 〈백 살까지 살게 될 당신께—21세기 장수 사회와 한국인의 대응〉, 《노년의 미학》, 가족아카데미아, pp. 12~46.

김수영, 양경미, 오현이, 김진선(2002). 〈간호학과와 사회복지학과 학생들의 노인에 대한 지식과 태도〉, 《한국노년학》, 22(3), 21~36.

박동석 외 지음(2003). 《고령화 쇼크》, 굿인포메이션.

박상철(2003). 〈장수 시대의 건강하고 보람 있는 삶〉, 제25회 아산사회복지 재단 창립기념 심포지엄 : 고령화 사회 어떻게 대응할 것인 가?

일본 국립사회보장, 인구문제연구소(2003), 인구통계자료집.

임영신 · 김진선 · 김기순(2002).
 〈간호사들의 노인에 대한 지식 및 태도〉, 《한국노년학》, 22(1), 31~46.

윤종주(1985). 고령화 사회에 대한 사회 · 문화 및 인구학적 측면.

조성남(2004). 《에이지붐 시대—고령화 사회의 미래와 도전》, 이화여자대학 교출판부.

한정란(2003). 〈청소년들의 노인에 대한 태도 연구〉, 《한국노년학》, 23(4), 181~194.

통계청(2005), 장래 인구 특별 추계 결과.

Row, John W. & Kahn, Robert Louis. 1987. Successful Aging(《성공적인 노화》, 최혜경 · 권유경 공역, 학지사).

 직장 여성들이 아이 맡길 곳이 없어 발을 동동 굴러도, 어디서 개가 짖냐! 나 몰라라 하던 대한민국 정부가 아이를 낳으면 돈도 준다 하고 세금도 깎아주겠다고 야단인 걸 보니 사태가 급박하긴 급박한가 보다. 하긴 이런 식으로 나가다간 10년 만에 처음으로 아기가 태어났다고 동네 잔치 벌이던 농촌 마을의 풍경이 대한민 국 전체 풍경이 되어버릴지도 모를 판이다.

 불과 10년, 20년 후, 우리 세대가 손주 재롱에 목을 맬 나이가 되면 온 나라가 노인들 천지가 될 것이란다. 문명화의 끝자락에서 서구 세계의 사회 패턴을 열심히 좇고 있는 동방의 이 나라에서 고령화가 이 정도로 진행되고 있다면, 서구 사회의 고령화 수준은 말할 나위가 없을 것이다. 발달된 의학의 혜택에서 배제된 변방국들과 종교 · 문화적 이유에서 아이 낳기를 주저하지 않는 아랍권을 제외한다면, 전 세계는 얼마 안 가 아기 울음소리 그친 삭막한 세상이 될지도 모를 일이다.

그런 범국제적 대열에 합류해 내가 세계 노인의 숫자를 하나 더 보탤 것이라고 생각하면 그리 유쾌할 것도 없지만 흘러가는 세상의 변화를 막을 수도 없는 노릇 아닌가. 그러니 남은 문제는 변화의 양상을 파악하고 그 변화를 개선으로, 보다 나은 모습으로 만들어가는 노력일 터이다.

그런 의미에서 고령화와 관련해 세계적인 대세를 파악하고, 더 나아가 (가능하다면) 대책 마련을 모색하는 데 이 책 역시 한몫할 수 있을 듯하다.

번역을 시작한 시점이 마침 미국의 이라크 침공이 시작된 무렵이어서 '젊은' 아랍권과 '늙은' 서구 사회의 비교가 더 실감이 났을지도 모르겠다. 어쩌면 미국의 도발은 단순한 석유 욕심을 넘어, 고령화의 문턱을 사이에 두고 마주보고 있는 두 사회의 대결이 시작된 시발점일지도 모를 일이다. 아랍권은 꺾일 줄 모르는 출산의 의지로 사회 전체가 젊음을 유지할 것이지만, 자식을 향한 집착을 이미 오래전에 잃어버린 서구 사회는 자식보다 자신의 삶을 택한 대가를 국가 전체의 힘의 상실로 치르게 될지도 모를 일이니 말이다.

'베이비붐 세대'의 문화적 능력에 대한 부분도 인상 깊었다. 이 베이비붐 세대는 막강한 숫자를 앞세워 한때 정치적 개혁을 꿈꾸었고, 실제 사회적으로나 문화적으로 많은 변화를 일구어냈다. 그들만큼 다양한 예술 장르를 선보인 세대가 없었고, 그들만큼 세상에 많은 흔적을 남겨놓은 세대도 없었다. 그리고 이제 서서히 일선에서 한 걸음 두 걸음 물러나고 있는 그들의 자리는 도저히 메울 수 없는 빈틈으로 남아 있게 될 것이다. 세계적으로 음반 시장이 1950~1960년대 음악의 리메이크 곡들로 넘쳐나고 있다는 사실에서도 여실히 느낄 수 있는 추세이다. 우리나라도 예외는 아니어서, 우리 세대가 즐겨

들던 음악을 요즘 가수들이 다시 부르고, 덕분에 나도 딸과 노래방에서 같은 노래를 다른 식으로 부르며 "아, 정말 맞는 말이야!" 하고 감탄했었다.

그래도 연금공단의 금고를 채워줄 젊은 사람들이 턱없이 모자라기에 연금을 아예 못 받을지도 모르고, 먹여 살려줄 후손이 없어 우리 세대는 늙어죽을 때까지 일해야 할지도 모른다. 여유 있고 편안한 노후의 풍경이, 돈 없는 노인들만 우글거리는 암울한 그림으로 덮여버릴지도 모른다.

허나 아무도 모른다. 1970년대 로마클럽이 세계적 자원 고갈을 예언했을 때, 세상은 그 암담한 미래상에 가슴을 조였다. 하지만 로마클럽이 예언한 기간이 지난 지금도 우리는 아직 자원을 펑펑 소비하며 살고 있고, 또 한편에서는 대체 에너지를 개발하겠다고 골머리를 앓고 있다. 인간은 선도 악도 한계를 모르는 존재이기에, 그 무한한 가능성을 개선의 방향으로 투자한다면 미래는 늘 할리우드 재난 영화들의 마지막 장면처

럼 해피엔드가 되지 않을까? 낙관론 쪽에 손을 들어주고 싶은
마음도 나이 들어가면서 생긴 (나만의?) 한 가지 병이겠지만.

2005년 4월

장혜경

고령사회 2018

다가올 미래에 대비하라

초판 1쇄 발행 2005년 4월 23일
재판 1쇄 인쇄 2011년 3월 22일
재판 1쇄 발행 2011년 3월 28일

펴낸이 | 한 순 이희섭
펴낸곳 | 나무생각
편집 | 정지현 이은주
디자인 | 이은아
마케팅 | 김종문 이재석
출판등록 | 1998년 4월 14일 제13-529호
주소 | 서울특별시 마포구 서교동 475-39 1F
전화 | (02) 334-3339, 3308, 3361
팩스 | (02) 334-3318
이메일 | tree3339@hanmail.net
홈페이지 | www.namubook.co.kr

ISBN 978-89-5937-230-0 03330